T0244493

CÓMO APRENDER LA EXCELENCIA

Eric Potterat | Alan Eagle

CÓMO APRENDER LA EXCELENCIA

TÉCNICAS DE DISCIPLINA MENTAL PARA LIDERAR Y TRIUNFAR

OCEANO

CÓMO APRENDER LA EXCELENCIA
Técnicas de disciplina mental para liderar y triunfar

Título original: LEARNED EXCELLENCE. Mental Disciplines for Leading
and Winning from the World's Top Performers

© 2024, Eric Potterat y Alan Eagle

Publicado según acuerdo con Harper Business,
un sello de HarperCollins Publishers

Traducción: Laura Paz

Diseño e ilustración de portada: Pete Garceau
Fotografía de los autores: Jon Soohoo (Potterat) y Jeff Singer (Eagle)

D. R. © 2024, Editorial Océano de México, S.A. de C.V.
Guillermo Barroso 17-5, Col. Industrial Las Armas
Tlalnepantla de Baz, 54080, Estado de México
info@oceano.com.mx

Primera edición: 2024

ISBN: 978-607-557-944-3

Impreso en México / Printed in Mexico

Para Andrea, Lauren, Bryce, Tamara, Will, Andie, Nolan y Claire,
que nos inspiran a aprender sobre la excelencia todos los días

ÍNDICE

CAPÍTULO 1

TU DESEMPEÑO

Eres un Navy Seal* y te diriges en helicóptero a una misión. Revisas y vuelves a revisar tu equipo; todo está preparado y listo para usarse. Miras a tus compañeros: guardan silencio, respiran hondo en medio del barullo del vuelo y visualizan lo que está a punto de ocurrir. Tú haces lo mismo: cierras los ojos y te imaginas el ambiente donde pronto te encontrarás, no sólo cómo se ve, sino las sensaciones, los olores y los sonidos. Repasas las situaciones que enfrentarás si todo sale según lo previsto (como si eso fuera a pasar) y las contingencias si acaso no. Respiras profundamente, con intención. El helicóptero aterriza, la puerta se abre.

Eres un piloto acrobático, estás volando en tu biplano personalizado en una competencia donde ejecutarás una serie de maniobras que asombrarán a la multitud (y esperemos, a los jueces). Sometes tu cuerpo a fuerzas G que dejarían inconsciente a casi cualquier otro ser humano. Tienes la tarjeta con tu secuencia pegada frente a ti, en el tablero de controles, pero es innecesaria; has visualizado ya tantas veces tu rutina, que

---

* Los equipos de mar, aire y tierra (SEAL, por sus siglas en inglés), comúnmente conocidos como Navy Seal, son la principal fuerza de operaciones especiales de la Armada de Estados Unidos y un componente del Comando de Guerra Especial Naval. El personal de este equipo es cuidadosamente seleccionado, altamente capacitado y posee un alto grado de competencia en acción directa y reconocimiento especial, entre otras tareas como sabotaje, demolición, recopilación de inteligencia y reconocimiento hidrográfico, entrenamiento y asesoramiento a ejércitos amigos u otras fuerzas. Fuente: Wikipedia. *(N. del E.)*

casi sientes como si la hubieras completado a la perfección. Acabas un truco e inicias el siguiente, pero de repente no puedes ver nada. La cabina se llena de humo. Cuando levantas la tapa de la cabina para que el humo salga y poder ver, sientes algo caliente en la pierna. Estás volando a 240 km/h, a trescientos metros en el aire, y se está chorreando aceite del motor.

Eres el jefe de la policía en alguna ciudad de Estados Unidos. Llevas treinta años en la fuerza, comenzaste como patrullero y ahora te desempeñas como líder de una fuerza policial numerosa y diversa, y portavoz de la seguridad pública en tu comunidad. Pero hoy no eres nada de eso. Un oficial murió mientras cumplía su deber y vas en camino para encontrarte con su familia. Te estacionas a unas cuantas cuadras de la casa para respirar y enfocarte. Lo que pase después no es sobre ti, ni sobre el departamento de policía ni la ciudad. Lo que digas y cómo te comportes ayudará a la familia a empezar a sanar, o no.

Eres un congresista de Estados Unidos, serviste en Washington, D.C., durante varios mandatos. Para este momento ya te acostumbraste a las incesantes encuestas para saber si le caes bien o no al electorado, las interminables recaudaciones de fondos, la constante planificación para la siguiente elección. Eres autor de un proyecto de ley del que te sientes muy orgulloso, pues hará una diferencia en las vidas de las personas y es posible que salve algunas. Hoy se debate en el Congreso y el resultado es incierto. El presidente de la comisión está en contra del proyecto por diversos motivos políticos, así que este debate y el subsecuente proceso de enmienda sin duda serán brutales. Abres tu portafolio, sacas fotos de la gente a la que ayudarás con esa ley y las extiendes sobre la mesa, frente a ti. Esta batalla es sobre ellos, no sobre ti. Empiezan las preguntas.

Eres estudiante y te diriges a un examen final que equivale al cincuenta por ciento de tu calificación en una materia. El resultado podría darte o quitarte la oportunidad de obtener el trabajo que deseas o de entrar a la universidad a la que quieres ir.

Eres padre o madre. Tu hijo mayor padece las penurias emocionales de los grupitos sociales en la preparatoria y las presiones académicas; tu hijo más joven está en su recámara, preocupado por un examen, y tú tienes que preparar la cena y atender la bandeja de correos, que está llena y no puede esperar a mañana.

Eres un empresario que está a punto de hacer una presentación ante un cliente, socio o jefe. Se trata de un proyecto en el que has trabajado los últimos seis meses y que te importa mucho. Tienes treinta minutos para convencer de su relevancia a un público escéptico.

Estás de pie en un podio, a punto de dar un discurso. Ya lo practicaste una docena de veces y tienes tus notas frente a ti, pero ahora el público llena el recinto y las luces caen sobre tu rostro. ¿En qué momento pensaste que esto era una buena idea?

Estás en un café, esperando a alguien. Te emociona esa cita. Hablaron por teléfono y hasta hicieron una videollamada durante unos minutos, ¡y te hizo reír! Estás tomando vino, se forma condensación en la copa, viene tarde. ¿Cuánto tiempo tendrás que esperar? Luego, la puerta se abre y la persona que sólo has visto en la pantalla de tu teléfono entra corriendo.

Al leer estos escenarios, lo más seguro es que te sientas identificado con los del final y no con los del principio. Es más probable que seas estudiante, padre, empresario, un orador público reticente o un romántico, ¡que Navy Seal, piloto acrobático, policía o miembro del congreso! Sin embargo, todos estos escenarios tienen algo en común: el desempeño. Describen una situación en la que una persona está a punto de experimentar una situación desafiante donde el resultado importa. Aquello que los reta podría ser extremo —surfear una ola gigante, correr al interior de un edificio en llamas— o algo mucho más mundano —una presentación de ventas, un examen de ciencias, una obra de teatro en la escuela. Lo que está en juego y el nivel de dificultad pueden variar considerablemente, pero la esencia no.

Todos nos desempeñamos en algo. Todos, con regularidad, llevamos a cabo tareas desafiantes que nos importan. Y todos, por lo general, intentamos hacerlo de la mejor manera. Unos cuantos son los mejores en lo que hacen; muchos son buenos y les gustaría mejorar. Quizá no lleguemos a ser campeones mundiales, pero cada uno de nosotros tiene el potencial y quiere demostrarlo. Así que aprendemos habilidades, practicamos, leemos y entrenamos, fallamos, nos castigamos, nos aguantamos, practicamos más, lo volvemos a intentar, todo en un esfuerzo incesante de mejorar.

Desafortunadamente, en el contexto de todo este entrenamiento y preparación, tendemos a ignorar el componente más importante de un desempeño de alto nivel: el aspecto mental. Entrenamos todo menos nuestra mente. Y cuando llega el momento, nos traiciona.

Hardware y software

En las páginas siguientes te mostraré cómo prepararte mentalmente y cómo desempeñarte en esos momentos, ya sean grandes o pequeños, previstos o espontáneos. Mis ideas, principios y ejercicios derivan del trabajo que he realizado durante más de tres décadas. Diseñé y gestioné programas de desempeño mental para los Navy Seals de Estados Unidos, los Dodgers de Los Ángeles y atletas de Red Bull, y trabajé como *coach* ejecutivo para líderes en ámbitos deportivos, militares, de rescatistas y de negocios. Se puede decir que soy un fanático de la ejecución mental. Me encanta aprender qué mueve a los ejecutantes y ayudarlos a moverse mejor.

Todas estas experiencias y el trabajo me han llevado a estar cara a cara con miles de personas que se desempeñan en altos niveles en una variedad de campos, desde militares y atletas, hasta personas de negocios y rescatistas. En el camino desarrollé un firme punto de vista sobre lo que separa a los mejores del resto. Para comprender mejor mi tesis, puedes ver tu teléfono, ese magnífico dispositivo que probablemente tienes al alcance de la mano en este preciso momento.

Tu teléfono (o tableta o computadora) es una gran pieza de *hardware*. Tiene la última moda en procesadores que incluyen especificaciones con palabras como *bits*, *núcleos* y *frecuencia de reloj*, este último medido en algo llamado GHz. Tiene toneladas de memoria, la cual se mide en GB. Cuenta con cámaras con megapixeles, velocidades de cuadro y rangos de apertura. Todo impresionante; debe serlo, pues los anuncios y las reseñas lo afirman. También son inútiles. Para operar, el hardware necesita el *software*. ¿A quién le importa cuántos GHz y GB tiene su teléfono? Lo que te importa es poder enviar mensajes, ver videos, subir contenidos a las redes, jugar videojuegos o hablar con la gente. El *hardware* es importante, pero el sistema operativo y las aplicaciones son lo que hacen que el teléfono cumpla su función. Puedes tener el mejor *hardware*, pero es irrelevante a menos de que el *software* esté a la altura. ¡El *software* hace que todo funcione!

Cuando hablo con personas que se desempeñan al máximo, la historia es siempre la misma. Tienen un gran *hardware*. Todos son seres soberbios física e intelectualmente, con habilidades perfeccionadas con mucho trabajo duro y repetición, pero estas cualidades las tienen también muchas otras personas. Lo que distingue a los mejores es cómo se aproximan mentalmente a lo que hacen. Tienen una mente resistente. No se ponen trabas. No se preocupan por lo que podría salir mal y cómo se vería eso; actúan a partir de su identidad y sus valores, no piensan en lo que podría pasar con su reputación. En momentos de estrés, permanecen en calma y tranquilos. Cuando ves a los mejores en acción, crees que simplemente son diferentes. Tener tranquilidad y confianza, eso es innato, ¿no? ¡Seguro nacieron así!

¡Nop! Han *aprendido* a ser excelentes. Sí, es posible que tengan rasgos físicos o intelectuales que los distingan del resto de nosotros, pero incluso los mejores ejecutantes son mentalmente falibles. El campeón que está a punto de participar en una competencia importante insiste en lo que podría salir mal, en lugar de recordar sus magníficas habilidades y capacidades. (Recibí este mensaje de texto de un cliente unas cuantas horas antes de una competencia: Estoy empezando a dudar de mí mismo, ¿sugerencias?) Lo que está arriba del cuello y entre las orejas es lo que los convierte en los mejores de todos. La diferencia entre conformarse y realizarse, entre lo bueno y lo grandioso, entre la satisfacción y la plenitud es enteramente mental. Lo que hace la diferencia, al igual que en tu teléfono, es el *software*.

Aprender excelencia

A lo largo de las décadas que he trabajado con ejecutantes de élite han surgido algunas verdades comunes. Prácticamente todos quieren dar lo mejor de sí. Todos intentamos alcanzar nuestro máximo potencial, y quizás un poco más, en cada aspecto de nuestra vida. Por supuesto, algunas personas son más determinadas que otras. Trabajarán más duro, durante más tiempo, para sacar el mayor provecho a cada hora del día, mientras que el resto de nosotros se conforma con pasar las noches viendo una serie o un partido. Pero la esencia de la naturaleza humana es inamovible. Queremos ser buenos en lo que hacemos en todos los aspectos de nuestra vida. Es parte de lo que nos hace felices.[1]

No obstante, casi todos nos saboteamos cuando se trata de alcanzar nuestro máximo potencial. En lugar de enfocarnos en quiénes somos, lo que queremos lograr y cómo vamos a llegar ahí, invertimos energía en pensar en lo que podría salir mal. ¿Qué van a pensar los demás? ¿Y si fracasamos? ¿Cómo se va a ver eso? Actuamos con base en la reputación en lugar de la identidad. Dejamos de tomar riesgos. Nos preocupa fallar. Tenemos miedo. Cuando somos viejos y miramos atrás, la mayoría de las cosas de las cuales nos arrepentimos tiene que ver con lo que no hicimos, no con lo que sí.[2] Sin embargo, invertimos gran parte de nuestro tiempo y energía convenciéndonos a nosotros mismos de no hacer las cosas. No puedo hacer eso, podría fallar. No puedo hacer eso, no soy muy bueno. No puedo hacer eso, me vería mal.

Luego, cuando llega el momento de actuar, quedamos a merced de nuestro mecanismo atávico de pelear, huir o paralizarnos. Se nos aceleran la respiración y el ritmo cardiaco, sentimos mariposas en el estómago, sudamos más, nuestro pensamiento se acelera. Son reacciones que quizá fueron útiles cuando eramos perseguidos por depredadores, pero en casi todos los escenarios actuales son perjudiciales. No estamos preparados para el estrés y no sabemos cómo manejarlo. El resultado es que no aprovechamos nuestro potencial más alto.

No te sientas mal; no es nuestra culpa. Históricamente, la educación sobre el desempeño en cualquier campo ha estado basada principalmente en el *hardware*: fuerza, resistencia, técnica, nutrición, conocimiento y habilidad. El entrenamiento mental por tradición se limita a memorizar el aprendizaje: cómo hacer algo, ya sea hornear un pastel o resolver una ecuación. Piensa en tus días de escuela, cuando tenías un examen importante (¡o piensa en la semana pasada si eres estudiante!). Tu maestro te enseñó el material, te dio tarea y tal vez te dijo qué temas se evaluarían. Pero ¿te dijo cómo abordarlo? ¿Te explicó cómo prepararte para la presión de responder una prueba? ¿Cómo calmarte, enfocarte y no desesperarte si sólo has contestado un tercio del examen y te queda sólo la mitad del tiempo? Por supuesto que no. Dejaron que lo aprendieras solo. El *hardware* estaba listo, pero ignoraron el *software*.

Aquí es donde entra la psicología del desempeño. En esencia, es el proceso para evaluar si el ejecutante es mentalmente fuerte y dónde necesita mejorar; luego, deberá aprender y practicar rutinas mentales para mejorar y fortalecerse. Yo ayudo a los ejecutantes a actualizar su *software* para que tengan más fuerza, más resistencia y más seguridad arriba del cuello y entre las orejas.

En este libro destilo todo lo que he aprendido en mi carrera en un cúmulo claro de principios y prácticas que cualquiera puede utilizar para aprender excelencia. Es una guía práctica para mejorar tu *software* y que puedas alcanzar tu máximo potencial en todos los aspectos de tu vida. Juntos exploraremos cinco disciplinas para aprender excelencia; piensa en ellas como los componentes del desempeño de tu sistema operativo. Empezamos con *valores y metas*. ¿Cuáles son las cosas que más te importan? ¿Por qué haces lo que haces? ¿Qué metas grandes y ambiciosas quieres trazarte?

Luego cubriremos el *mindset* (*mentalidad*). Quizás hayas escuchado acerca de la mentalidad positiva y la mentalidad de crecimiento, suenan bien, pero ¿qué significan y cómo llegas a ellas?

Después de eso, estudiaremos el *proceso*, es decir aquello de confiar en el proceso y no preocuparte por el resultado. Que, de nueva cuenta, suena muy bien pero... ¿qué? ¿Cómo no te va a preocupar el resultado?

A continuación viene la *tolerancia a la adversidad*. Estamos codificados para pelear, huir o paralizarnos cuando nos enfrentamos a una situación estresante, pero ese instinto, que ayudó a nuestra especie a sobrevivir hace eones, no funciona tan bien en casi ninguna de las situaciones actuales. ¿Qué puedes hacer al respecto?

Luego, *equilibrio y recuperación*. No eres lo que haces. Hay diversos aspectos en tu vida que merecen tu atención, pero en ocasiones, cuando estás haciendo malabares con un montón de pelotitas, puedes soltar una o dos. Algunas cosas tienen que esperar. ¿Te parece bien?

Para cada uno de estos componentes, hago referencia a las prácticas de quienes se desempeñan en un nivel alto, por qué importan y cómo funcionan. Te muestro cómo integrarlas a tu vida y cómo puedes usarlas para desempeñarte mejor. Ilustro mis principios y mis prácticas con las historias de algunas personas extraordinarias con quienes he colaborado, pertenecientes a diversos ámbitos, como la milicia, los deportes, los rescatistas y los negocios. Quizá me ponga un poco nerd al señalar las investigaciones que confirman mis observaciones y experiencias. Después de cada capítulo comparto un plan de acción de excelencia aprendida, un resumen de los principios que cubrimos en ese capítulo en particular.

Concluyo con un comentario sobre la práctica de la excelencia. ¿Cómo puedes poner todos estos principios en acción? ¿Por dónde empiezas en el día uno? ¿Cómo puedes superar las inevitables dudas y los obstáculos que pudieran presentarse en el camino? ¿Qué puedes hacer para traducirles a tus compañeros de grupo o a tus colegas las disciplinas de *Cómo aprender la excelencia*? ¿Y a tus hijos? (Esta última pregunta me la hacen muy seguido.)

Este libro destila mi experiencia laboral con miles de ejecutantes y las entrevistas a miles más para crear una guía accesible y un marco que cubra todos los aspectos del desempeño mental: valores y metas, mentalidad, proceso, tolerancia a la adversidad, equilibrio y recuperación, y te aporta ideas claras sobre cómo practicar cada una de ellas. Quizá no seas un Navy Seal, un atleta campeón mundial, un rescatista o un líder de negocios, médico o político. Tal vez no te dirijas hacia una emboscada nocturna ni remes en tu tabla de surf hacia una ola gigante. A lo mejor sólo eres una persona normal como el resto de nosotros, alguien que trata de desempeñarse bien en su trabajo y hacer que pasen cosas buenas en el mundo, a la vez que intentas ser una buena pareja, padre, hijo, hermano y amigo, y pasártela bien sobre la marcha. Son cosas que importan también; de hecho, son lo que más importa. Son la razón de tu desempeño y el porqué quieres aprender excelencia.

Antes de empezar, déjame contarte un poco más sobre el viaje que me llevó a escribir este libro y por qué puedes contar conmigo para ser tu guía.

CAPÍTULO 2

APRENDER SOBRE LA EXCELENCIA

En 1996, al terminar la parte académica de mi doctorado en psicología clínica, tenía varias opciones de internado. Un profesor me recomendó ir a la Armada de Estados Unidos y, cuando asistí a una de sus jornadas de puertas abiertas, me impresionaron la profundidad y la magnitud de la experiencia que ofrecían. Mi abuelo paterno sirvió en el ejército suizo en la Segunda Guerra Mundial antes de migrar a Estados Unidos con su familia, en 1956, y yo crecí escuchando historias de sus experiencias en la guerra, como cuando derribó un avión alemán desde el suelo. (Suiza mantuvo una "neutralidad armada" durante la guerra. No se alió con ninguno de los dos bandos y sólo movilizó su milicia para defenderse de la invasión. Si bien Alemania nunca invadió Suiza, sus aviones muchas veces se desviaban y cruzaban la frontera. Al menos uno de ellos no volvió.)

Mis abuelos y su familia dejaron muchas cosas cuando se vinieron a Estados Unidos y llegaron con casi nada. A medida que fui creciendo, me di cuenta de que todo lo que teníamos se debía al riesgo que habían tomado y a este maravilloso país que ahora es nuestro hogar. Cuando surgió la oportunidad de servir como oficial de la Marina, sentí que era lo mínimo que podía hacer para honrar el servicio de mi abuelo y el sacrificio de mis padres, y para ayudar a pagar la deuda de gratitud de mi familia con nuestro país, además de servir a algo más grande que yo. El trabajo era en San Diego, una ciudad que nos encantó a mi esposa, Andrea, y a mí desde que estábamos haciendo nuestra tesis doctoral ahí.

Después de concluir con éxito el Curso de Adoctrinamiento para Oficiales (OIS, por sus siglas en inglés) en 1996, entré a la naval como teniente y pasé los siguientes cuatro años trabajando como psicólogo clínico en el Centro Médico de la Armada, en San Diego. Mi trabajo consistía en ofrecer psicoterapia a pacientes externos de manera individual y grupal, para tratar trastornos de ansiedad, trastornos depresivos y adaptativos, trastorno de estrés postraumático (TEPT) y abuso y dependencia de sustancias; evaluar personas "aptas para el servicio" (¿eran mentalmente aptos para un trabajo especializado?) y controles de seguridad (por ejemplo, revisar armas y submarinos); realizar informes de incidentes críticos, evaluaciones psicológicas y diagnósticos (análisis de personalidad), y "guardia de emergencia" (evaluar y ayudar a miembros del servicio suicidas u homicidas), y enseñar. Como dije, la profundidad y la magnitud de la experiencia eran fantásticas.

Unos meses antes de terminar mi asignación, recibí la oferta de continuar mi labor clínica en el Hospital de la Armada de Estados Unidos en Rota, España. Ya había cumplido cuatro años de servicio, así que pude haber dejado la naval y volver a la vida civil. Andrea y yo fuimos a cenar una noche y lo platicamos. Teníamos una hija de un año y hubiera sido una decisión fácil quedarnos en la cómoda vida que habíamos construido en San Diego. Pero Andrea trajo a colación una cuestión: ¿Queremos pasar el resto de nuestra vida partiéndonos el lomo en nuestras carreras sólo para poder viajar cuando nos retiremos? ¿O queremos ver el mundo ahora? Cuando lo puso de esa manera, no hubo duda de que la respuesta correcta era ir a España.

Mi labor clínica continuó en Rota y pude asumir a la par un trabajo fantástico con la NASA, en sus misiones del transbordador espacial, donde fungía como "regulador médico" en las dos zonas transatlánticas de aterrizaje. Después de despegar el transbordador, había una ventana de cuatro minutos en la que se podía abortar la misión y el transbordador se redireccionaba a tierra, ya fuera en Marruecos o en España. Si sucedía algo así, mi trabajo como oficial en sitio era ayudar a los astronautas, garantizar la seguridad de la misión y organizar cualquier cuidado médico necesario en instalaciones ajenas a Estados Unidos. Por fortuna, ninguna de las misiones que cubrí tuvo que abortar, pero en mi cargo conocí y colaboré con varios astronautas y líderes de la NASA. Cuando se acercaba el final de mis tres años de estadía en Rota, quise llevar a mi familia de vuelta a California.

Ya había cumplido mi obligación con la Armada y pude haber vuelto a la vida civil, pero a la mitad de mi servicio en Rota, el 11 de septiembre de 2001, atacaron Estados Unidos. No había manera de que renunciara a mi misión en ese momento; sentía que servir era más importante que nunca. Recordé a mi abuelo, cuando defendió la frontera suiza durante la Segunda Guerra Mundial. Por fortuna, estaba disponible el puesto perfecto donde podía poner en práctica mis habilidades y mi experiencia: psicólogo en jefe en el curso SERE de la Armada.

El más alto nivel de estrés

SERE significa supervivencia, evasión, resistencia y escape. Si eres parte del ejército y te diriges a un lugar donde podrías estar bajo fuego, el curso SERE te aporta algunas habilidades muy importantes y útiles: cómo navegar, crear un refugio y encontrar comida en la naturaleza para evitar la captura y, si eres capturado, cómo soportar el cautiverio, la privación del sueño y otras experiencias extremas para sobrevivir y volver a casa.

SERE es más que un entrenamiento de habilidades físicas. Evadir o experimentar la captura expone a una persona a niveles de estrés que la mayoría de nosotros apenas y podríamos imaginar. La gente en situaciones así vive en un estado constante de "huir, pelear o paralizarse", lo cual inhibe su capacidad de pensar con claridad y actuar de manera efectiva. El objetivo de este entrenamiento es inocular a sus estudiantes contra el estrés, al darles una probada de los retos que podrían enfrentar si los capturan tras líneas enemigas. De esa manera, si alguna vez se encuentran en un escenario similar, tendrán más confianza para poder superarlo.

Se traslada a los estudiantes de SERE a una locación remota en la naturaleza, donde son entrenados en técnicas de supervivencia; luego, en algún momento inesperado, son "capturados" por agentes que trabajan para el ejército de Estados Unidos pero que se hacen pasar por miembros de algún bando enemigo y, para ello, emplean sus uniformes, idioma, armamento y vehículos. Los estudiantes son entonces sometidos a una serie de experiencias que semejan mucho lo que podrían afrontar en un escenario real como prisioneros. Decir que el entrenamiento de SERE es intenso es un eufemismo: los estudiantes experimentan los niveles más altos de estrés

—medidos por sus niveles de cortisol— que se han visto en investigaciones. En ningún momento se encuentran en peligro, ¡pero es muy difícil recordar eso cuando, literalmente, eres la persona más estresada del planeta!

La mayoría de la gente pasa por cierta forma de entrenamiento cuando empieza un nuevo trabajo y así fue para mí al asumir mi puesto en SERE. No se trató de una capacitación común. Aunque no fui enviado a ninguna locación peligrosa, cursé el mismo programa de entrenamiento que debía supervisar después.

Me uní a mi grupo en una locación montañosa y remota donde entrenamos navegación y habilidades de supervivencia en la naturaleza un par de días. Aprendimos a evadir la captura, pero no lo suficientemente bien: un día, mientras hacíamos un ejercicio en el exterior, de pronto nos vimos rodeados por varios miembros imponentes de una fuerza militar no identificada, ostensiblemente hostil hacia Estados Unidos. Lucían muy auténticos, desde sus uniformes con aire foráneo, su idioma que sonaba extranjero (nunca supe qué era) y los vehículos no estadounidenses que frenaban en seco alrededor de nosotros.

Los siguientes días fueron de los más intensos de toda mi vida. Privado del sueño, sujeto a interrogatorios y otras cosas desagradables, combatí las alucinaciones aferrándome a la idea de que no me encontraba realmente en peligro y recordando estudios que había leído de prisioneros de guerra en Vietnam que sobrevivían si se mantenían positivos y conservaban su sentido del humor en esas situaciones. Para cuando volví a San Diego, no sólo había aprendido a valorar el rigor del entrenamiento de SERE, también había perdido siete kilos.

Mi nuevo trabajo consistía en supervisar los componentes psicológicos del programa del curso, diseñar currículos nuevos para entrenar a los estudiantes en formas de manejar el estrés extremo y escenarios para dispararlo, pero manteniéndolos a salvo al mismo tiempo. Esta labor, que empecé en 2003, fue el inicio de mi transición de trabajar como psicólogo clínico, ayudando a las personas a superar sus problemas mentales para que pudieran sanar y volver a la "normalidad", a trabajar como psicólogo del desempeño, ayudándolas a mejorar su rendimiento para que pudieran alcanzar su más alto potencial.

(El entrenamiento de SERE es similar en cierto modo al famoso Experimento de la Cárcel de Stanford en 1971, dirigido por el doctor Philip

Zimbardo. Durante el experimento, el equipo del doctor Zimbardo creó una simulación de cárcel en el campus de la Universidad de Stanford y dividió al azar a un equipo de estudiantes voluntarios en prisioneros y guardias. El experimento se detuvo después de sólo seis días [la duración planeada era de dos semanas] porque algunos de los guardias empezaron a tratar con sadismo a los prisioneros. Parte de mi trabajo era asegurarme de que no sucediera nada similar en SERE. Al final, tuve el honor de compartir parte de nuestro trabajo con el doctor Zimbardo.)

En aquel entonces, la psicología del desempeño estaba en ciernes como una rama de la psicología, así que mi momento era propicio. Un componente primordial del desempeño es manejar el estrés, usar tu mente para controlar tu cuerpo en el momento justo, cuando lo único que quiere hacer es soltar un golpe, correr o hacerse bolita. Por mi trabajo en SERE logré estar en el núcleo del primer centro de entrenamiento de la respuesta de estrés en el mundo. Vi de primera mano las tácticas mentales que los mejores ejecutantes utilizan para tener éxito y cómo se ve una modalidad de fracaso.

En SERE, recibí un pase de máxima seguridad, lo que me permitió trabajar directamente con personas que se estaban preparando para participar en misiones secretas o volver de ellas. Esto fue útil cuando, además de mis responsabilidades, me pidieron ser el psicólogo en jefe del equipo de repatriación de la Armada, donde debía atender a personal militar detenido en otros países y luego regresado a Estados Unidos. En este papel, cuidaba la salud y la seguridad de las personas, estaba presente cuando los soldados rendían su informe de inteligencia y los ayudaba a reintegrarse con su familia y amigos al volver a casa.

Por ejemplo, en 2005 recibí la increíble tarea de ser el psicólogo en jefe para ayudar al Navy Seal Marcus Luttrell a volver a casa. Marcus había sobrevivido una batalla en Afganistán donde el resto de su unidad había perdido la vida. Un pueblo afgano lo había protegido varios días hasta que lo rescataron. Conocí a Marcus en una base en San Antonio, Texas, cuando regresé a Estados Unidos desde una base en Alemania, y luego pasé una semana con él y con su familia en su casa de Texas, donde lo ayudé en su proceso de repatriación. Marcus escribió un libro sobre su experiencia, *El sobreviviente*, que después se hizo película.

Mi labor con Marcus y otros que habían sido capturados me mostró qué tan resilientes pueden ser los humanos bajo una presión extrema. Los antecedentes de las personas capturadas son muy variados; algunas de ellas, como los Seals o los alumnos de SERE, están bien entrenados, pero otros, como los conductores de camiones, quizá no lo estén. ¿Qué los hace sobrevivir? El pensamiento positivo y tener un propósito. Quieren ver a su familia, a sus hijos y a sus seres queridos otra vez. No se pueden dar por vencidos porque tienen mucho por qué vivir. El poder de esta motivación es, para muchos, existencial.

Seals, Red Bull, Dodgers y la Copa Mundial

A principios de 2006, el almirante Joseph Maguire, la cabeza del Comando Especial de Guerra Naval, me llamó con un nuevo ofrecimiento. ¿Estaría interesado en convertirme en el primer psicólogo en los campamentos de entrenamiento de Demolición Básica Submarina/Seal de la Armada, llamados BUD/S en inglés? Éste es el programa de capacitación para los Navy Seal novatos, los equipos marítimos, aéreos y terrestres que constituyen lo mejor de lo mejor de la Armada. Acepté y en septiembre de 2006 dejé el colegio SERE y me incorporé al personal de BUD/S.

Mi mandato como psicólogo en jefe de BUD/S constaba de dos consignas. La primera consistía en crear un mecanismo de evaluación psicológica para identificar a los candidatos que podrían tener éxito en el entrenamiento de BUD/S y a los que tal vez fracasarían. En ese entonces, el índice de deserción (la gente que no completaba el entrenamiento) era de setenta y cinco por ciento, lo cual dificultaba que la Armada lograra su objetivo posterior al 9/11 de incrementar rápidamente la cantidad de Seals. ¿Sería capaz de crear un sistema de evaluación que contribuyera a filtrar todas esas posibles deserciones antes de empezar el entrenamiento?

Durante los siguientes dieciocho meses, mi equipo y yo desarrollamos, desde cero, una prueba de "resiliencia" psicológica, la cual, combinada con datos sobre las características físicas de los candidatos, se convertía en un muy buen predictor (más de 97 por ciento de precisión) de quién fracasaría en el entrenamiento de BUD/S. Les hicimos la prueba a todas las nuevas generaciones de BUD/S y usamos sus resultados para filtrar a casi veinte por ciento de los candidatos. El margen de personas que terminaban el curso de BUD/S subió de veinticinco por ciento a alrededor de cuarenta por ciento. Fue un gran logro para el programa. (La gente que obtenía resultados bajos en atributos físicos o mentales y se filtraba no era rechazada de manera permanente. Se les daba la oportunidad de mejorar y volver a intentarlo.)

La herramienta de evaluación que desarrollé para BUD/S no pretendía descubrir los problemas de las personas. Todos ellos eran individuos espectaculares, aptos física y mentalmente. No tenían nada de malo. Nuestro trabajo era ayudar a la Marina a discernir quién estaba mentalmente preparado para desempeñarse al máximo bajo una presión extrema. A diferencia de muchas de las herramientas de evaluación mental disponibles para los psicólogos, nuestro sistema no estaba destinado a curar personas; su objetivo era predecir el desempeño a partir de ciertos atributos psicológicos y funcionaba muy bien.

Mi segunda consigna cuando me uní a BUD/S era desarrollar un currículo de fortaleza mental. Diseñamos una herramienta para evaluar y predecir el desempeño mental. ¿Podríamos, entonces, entrenar a los estudiantes que pasaron la prueba para ser más resilientes? ¿Podríamos entrenar a los mejores para que mejoraran todavía más? Hasta ese momento, el campamento de BUD/S no contaba con un programa de resiliencia mental codificado que pudiera enseñarse. Se dieron cuenta de que el régimen físico extremo y riguroso resolvería el problema. Se creía que, si podías sobrevivir a la infame Semana del Infierno del entrenamiento Seal, certeramente conocido como el punto culminante del entrenamiento de BUD/S, seguro tenías una mente lo suficientemente fuerte. Esto es cierto nada más en parte. Sí, los estudiantes tenían que ser fuertes mental y físicamente de muchas maneras para sobrevivir pero, ¿acaso existía una forma de comprender mejor las tácticas mentales y las habilidades que usaban para navegar con éxito la adversidad extrema? ¿Y entrenarlos para ser más resilientes todavía? Su resiliencia era asombrosa, sin embargo, la habían desarrollado antes de llegar a BUD/S. Se convirtió en mi trabajo ayudarlos a refinarla.

Empecé a adentrarme en toda la investigación disponible en ese campo. Por ejemplo, en 2006, mis colegas británicos realizaron un estudio seminal que implicaba sumergir sujetos en agua helada. ¿Qué pasa cuando saltas al agua así de fría? ¡Jadeas, por supuesto! Es un reflejo involuntario; no lo puedes controlar. Excepto que los británicos descubrieron que sí es posible. Su programa de entrenamiento, enteramente mental, les permitió a los participantes del estudio retrasar su reflejo de jadeo. Después de lo cual recibieron una toalla caliente y una taza de té cargado.[1]

Durante el tiempo que estuve en BUD/S, el interés público en los Navy Seals y sus intensas prácticas de entrenamiento aumentaron considerablemente, en parte por el increíble éxito que tuvieron en el campo de batalla desde el 9/11. Dominaban por completo. Había bastantes nuevas historias en la televisión y artículos de revistas sobre BUD/S, muchas veces con fotos de nuestros candidatos haciendo alguna clase de ejercicio físico extremo (cargar troncos, arrastrarse a la orilla del mar con el atuendo completo de combate) en la playa de San Diego.

Algunas celebridades empezaron a visitar el centro de BUD/S, incluyendo atletas y equipos de ligas mayores profesionales. Yo estaba haciendo carrera en la psicología del desempeño y ahí se encontraban muchas de las personas que se capacitaban a un alto nivel en todo el mundo, marcando un camino de arena hasta la puerta de BUD/S todos los días.

Así que le hice una petición a mi comandante en jefe. Todos esos atletas serían bienvenidos como visitantes para mirar y observar el entrenamiento de nuestros alumnos. Nuestro oficial de relaciones públicas siempre estaba recibiendo peticiones de visitas. Yo sólo pedía una cosa: ¿les importaría que los entrevistara durante su visita? Quería hacerles algunas preguntas. Por ejemplo, ¿cómo se preparan para sus próximos juegos o partidos? ¿Qué prácticas mentales los volvieron tan resilientes y les dieron la capacidad de erigirse por encima de todos los demás para llegar a la cúspide de su desempeño? ¿Qué habilidades y técnicas mentales usaban para desempeñarse bajo presión cuando llegaba el momento? Sólo tomaría una hora más o menos.

Mi comandante en jefe estuvo de acuerdo. Los atletas visitarían BUD/S y como retribución responderían algunas preguntas. Todos dijeron que sí. Docenas de equipos deportivos profesionales, equipos olímpicos de Estados Unidos, Lance Armstrong, Michael Phelps, Tiger Woods y muchos, muchos más; cada vez que un atleta iba a observar el entrenamiento Seal en BUD/S, yo pasaba alrededor de una hora entrevistándolos. Con el tiempo pude crear una extensa base de datos de métodos mentales de los mejores del mundo.

Incluí esta y otras investigaciones en el primer currículo de resistencia mental de los Navy Seals. Pero cuando discutí el programa con un grupo focal de instructores Seal y otros expertos (¡hablando de un grupo focal resiliente!), no estaban seguros de este método. Después de todo, ellos habían desarrollado su resistencia mental a la antigua: sobreviviendo a la Semana del Infierno. ¿De qué serviría codificar estas técnicas? Por codificar, ¿me refería a consentirlos? Así que encontramos un punto medio: integramos técnicas de desempeño mental en las sesiones de entrenamiento de BUD/S, pero no se permitiría ningún miramiento de psicología del desempeño durante la Semana del Infierno. Los estudiantes todavía tendrían que remontar el estrés solos, pero por lo menos tendrían acceso a herramientas y técnicas mentales que BUD/S les proporcionaría para ayudarlos. Y así nació uno de los primeros programas militares de desarrollo empírico enfocados enteramente en el entrenamiento mental para maximizar el desempeño.

Nos tomó casi tres años desarrollar e implementar por completo el programa de resistencia mental de BUD/S. Una vez que lo logramos, cambié de puesto y me convertí en el psicólogo en jefe de todos los equipos Seals de la costa oeste que serían desplegados. En este papel pude reforzar las técnicas de desempeño mental que los Seals habían aprendido en BUD/S mediante una práctica continua de ejercicios. En BUD/S estaba entrenando alumnos que trataban de graduarse y convertirse en Seals; ahora podía trabajar con Seals en servicio activo que serían desplegados para el combate. Los Seals son principalmente competentes en disparar, desplazarse y comunicarse. Así se desempeñan, muchas veces ante amenazas mortales, y mi trabajo era ayudarlos a ser mejores. En BUD/S aprendían las primeras palabras de su fortaleza mental, pero ya graduados y como parte del equipo Seal, hablaban en oraciones. Permanecí como el psicólogo del Grupo Uno del Comando Especial de Guerra Naval de 2009 a 2012, donde colaboré principalmente con los equipos Seal 1, 3, 5 y 7. (Hay ocho equipos Navy Seal. Los equipos 1, 3, 5 y 7 están en Coronado, California, junto a San Diego, mientras que los equipos 2, 4, 8 y 10 están situados en la base Little Creek, en Virginia Beach.)

En 2012, llegué a ser el psicólogo de fuerza de toda la comunidad Seal en el Comando Especial de Guerra Naval, posición que tuve hasta septiembre de 2016, cuando me retiré de la Armada como comandante después de veinte años de servicio. El psicólogo de fuerza es el psicólogo en jefe de toda la comunidad Seal, responsable de salud mental y resiliencia, optimización del desempeño, análisis y evaluación psicológica, políticas de investigación y decisiones. Hoy en día, la Armada respeta los aspectos mentales de la formación para un buen desempeño como un componente crítico de selección, entrenamiento y apoyo a su gente. Estados Unidos es más fuerte por ello.

Cuando aún servía en la Armada, me autorizaron para trabajar con Red Bull, la empresa de bebidas energéticas que patrocinaba a más de 850 atletas en toda una gama de deportes, desde futbol australiano y salto BASE, hasta voleibol y *wingsuit*. Lo mío era ayudar a Red Bull a desarrollar un programa nuevo, el Campamento de Desempeño Bajo Presión (PUP, por su nombre en inglés). Piensa en un entrenamiento parecido a SERE, pero para atletas extremos. Tomábamos competidores élite de una amplia variedad de deportes, los reuníamos en sesiones de cinco días y los hacíamos experimentar estrés como nunca antes en su vida en actividades que incluían pozos de serpientes y osos grizzly. En estos ejercicios había retos físicos, pero también emocionales. Quizá fuera difícil asustar a atletas que saltaban de acantilados pero, ¿qué tal si los subíamos a un escenario enfrente de sus compañeros y les pedíamos que compartieran un recuerdo íntimo? Quizá no temieran morir, pero llorar es aterrador.

Yo era el psicólogo en jefe en los campamentos PUP, e inoculaba a cientos de atletas de élite con el estrés que experimentaban con regularidad en sus respectivos campos competitivos. Cuando eres correteado montaña arriba por un oso grizzly (entrenado para ser dócil, ¡pero ellos no lo saben!), participar en un campeonato mundial ya no parece tanta cosa. Además del campamento PUP, también estaba a cargo de los programas de desempeño mental de Red Bull, los cuales incluían fungir como psicólogo del desempeño de los atletas para ayudarlos a pulir su capacidad mental.

En 2015, me contactaron de los Dodgers de Los Ángeles. Habían ido a BUD/S, sabían lo que habíamos creado y querían que fuera a trabajar con ellos cuando me retirara de la Marina. Cuando eso ocurrió más o menos un año después, me uní al equipo como su psicólogo del desempeño de tiempo completo, ayudándolos a estructurar sus programas para evaluar, seleccionar, desarrollar y promover talento. Mi equipo y yo creamos evaluaciones y currículos detallados de desempeño mental para cada jugador en la organización, identificamos sus fortalezas y debilidades desde una perspectiva mental y de carácter para ayudarlos a dar lo máximo cuando les tocara desempeñar su papel.

Me uní a los Dodgers porque era una gran oportunidad de trabajar con una organización impresionante y con atletas increíbles, ¡pero también porque crecí siendo fanático de los Dodgers! Todavía puedo nombrar la alineación titular de casi todos los equipos desde más o menos 1975 en adelante, y cuando me uní a la organización tenía que pellizcarme cada vez que leyendas como Steve Garvey, Orel Hershiser, Steve Yeager y Tommy Lasorda pasaban junto a mí en la casa club.[2] Arranqué a toda marcha con los Dodgers y activé programas mentales similares a los que había desarrollado para los Seals, sólo que esta vez eran para beisbol, no para la guerra.

¿Has visto a ese pícher de relevo que entra al juego al final de la novena entrada, con todas las bases llenas y el partido entero en riesgo? Lo más probable es que unos minutos antes de entrar al diamante, dicho jugador estuviera platicando conmigo cerca del *bullpen*, concentrándose en el momento, visualizando el éxito, eliminando narrativas tóxicas y respirando. ¿O ese jugador anunciado en el sorteo que recibe un titular de noticias o dos antes de entrar a ligas menores? Es probable que me haya entrevistado con él y tenga un perfil completo desarrollado antes del sorteo. Los Dodgers eran una organización increíble con la cual trabajar: un grupo de propietarios sin igual y un presidente de operaciones de beisbol visionario (Andrew Friedman) que dirige una cultura de innovación, desarrollo, decisiones basadas en datos y trabajo en equipo. Yo diría que la combinación de estas cosas, junto con las evaluaciones de personalidad antes de los sorteos, así como los programas de desarrollo y fortalecimiento del desempeño mental funcionaron bien. Durante mis años con la organización, los Dodgers tuvieron la mayor cantidad de victorias en temporada regular en las grandes ligas, ganaron tres banderines de la Liga Nacional (la última vez que lo obtuvieron había sido en 1988) y ganaron la Serie Mundial en 2020. Entre mis mejores recuerdos está ser bañado con champaña por los jugadores y los entrenadores después de la victoria, y recibir un anillo de la Serie Mundial.

Tuve un papel similar con la selección nacional de futbol femenil de Estados Unidos. La entrenadora Jill Ellis me llamó antes del torneo de la Copa Mundial 2019 para ver si podía ayudar a su equipo a optimizar sus habilidades mentales y lidiar con la intensa presión bajo la que estaban por defender su título. Me uní al equipo en sus campamentos de entrenamiento y colaboré con todas las jugadoras y los entrenadores, semanalmente con algunos. Me sentí orgulloso y encantado cuando Megan Rapinoe, Carli Lloyd, Alex Morgan y el resto del equipo salieron de Francia ese año con la Copa Mundial en alto.

"¿Cómo puedo darle la vuelta a esto en mi cabeza?"

También tuve el privilegio de trabajar con docenas de atletas olímpicos, incluyendo a cuatro atletas que representaban a cuatro países distintos, los cuales consiguieron un total de ocho medallas (cuatro de oro, tres de plata y una de bronce) en los Juegos de Invierno de Pekín, en 2022. Tal vez el cliente más prominente de ellos fue el patinador artístico Nathan Chen. Originario de Salt Lake City, Utah, Nathan siguió sus aspiraciones olímpicas desde que era muy pequeño, cuando los Juegos de Invierno de 2002 se celebraron en su ciudad natal y sintió la inspiración de empezar a patinar. Desde entonces experimentó, con muy pocas excepciones, un audaz éxito. Con su madre como entrenadora durante esos primeros años, trabajó hasta escalar en los niveles de competencia y se impulsó para aprender y destacar en saltos y movimientos cada vez más difíciles. Su compromiso con el deporte, el trabajo duro y la habilidad lo llevó muy lejos.

Como el dos veces campeón nacional reinante, Nathan llegó a las Olimpiadas de Invierno de 2018, en Pieonchang, Corea del Sur, como el gran favorito, con todas las expectativas y la presión que eso conlleva. Todo se vino abajo en la primera parte de la competencia, el programa corto. En poco menos de tres minutos, Nathan falló en varios movimientos y terminó en el lugar diecisiete, de modo que pasó de ser el favorito a fracasar. Un par de días después, despojado de la presión, remontó en el programa libre de la competencia y consiguió la puntuación más alta en la historia olímpica. Eso lo colocó en un quinto lugar en la tabla final, nada mal considerando su pésimo inicio, pero una masiva decepción de todas maneras.

Nathan se recuperó de su mal papel en las Olimpiadas al ganar los campeonatos mundiales de 2018 y 2019, pero en un deporte que recibe atención cada cuatro años, esas victorias no fueron suficientes para borrar su desilusión olímpica. Nathan estaba decidido a buscar de nuevo el oro olímpico. "Necesito encontrar un *coach* mental", pensó, "algunas técnicas mentales que me pongan en una posición donde pueda ser el mejor en los juegos". Era un patinador soberbio, pero necesitaba hacer algo con su enfoque mental para conseguir el premio que se le resistía: la medalla de oro.

Nos conocimos y empezamos a trabajar desde junio de 2021, perfeccionando herramientas como la visualización, el diálogo interno, la mentalidad y la diversión. Sobre todo la diversión, porque en aquel entonces, en 2018, Nathan no se estaba divirtiendo para nada. "Ni siquiera recuerdo estar ahí", comenta de las Olimpiadas de Pieonchang. "No recuerdo la bandera, no recuerdo el comedor... Le dediqué tiempo, pero no lo disfruté. Me lastimaba todo el tiempo. Por lo general, cuando patino estoy presente y enfocado. Veo los colores y las formas. Pero en 2018 era como si no estuviera ahí".

Nathan y yo platicamos mucho sobre sus motivos para patinar, por qué le encanta el deporte y competir en los más altos niveles. ¿Qué disfrutaba de niño? ¡La diversión! Tenía que recapturar esa alegría y recordarla en los momentos más cruciales. Así que "aprendí a impulsar una mentalidad de gratitud", dice Nathan. "Cuanto más lo ponía en palabras, más divertido era. A veces me obligaba a decirlo... ¡Estoy tan agradecido de estar aquí!... aun si no lo sentía. Decirme a mí mismo estas cosas me ayudaba a recordar la alegría de patinar y todos los momentos felices que había tenido".

Éstas son las prácticas que discutimos con frecuencia en esos meses previos a los Juegos Olímpicos de Invierno de 2022, en Pekín. Luego, sólo unas cuantas horas antes de que empezara el programa corto, recibí un mensaje de texto de Nathan: Sigo cometiendo errores en dos aspectos diferentes. ¿Cómo puedo configurar mi mente para hacerlo bien cuando llegue el momento? También, van a ir muchos jueces y medios. Me empiezo a sentir distraído e incapaz de disfrutarlo tanto cuando me siento criticado. ¿Cómo puedo darle la vuelta a esto en mi cabeza?

Aunque me preocupó recibir esos mensajes justo antes de la prueba, también me sentía animado. Tan sólo unos años antes, Nathan pensaba que patinar era puramente un ejercicio físico. Practicaba los movimientos, los hacía bien y la consecuencia era una victoria. Pero ahora, sus preguntas me dejaban ver que comprendía la necesidad de tener agilidad mental para superar esos elementos problemáticos, y que no se trataba de entrenar más tiempo en la pista de hielo. ¿Y los nervios que experimentó cuando vio entrar a los jueces y a la prensa? También un reto mental, no uno físico. Yo sabía, al leer esos mensajes del otro lado del mundo, en mi casa de San Diego, que Nathan ya sabía las respuestas. Sólo las quería escuchar de mí.

Empecé por recordarle (por mensaje de texto) que visualizara su programa, en particular los movimientos que le daban problemas. Le escribí: Visualiza que los terminas con éxito, usa cuantos sentidos puedas. Tu cerebro unirá esas conexiones de éxito.

¿Y de esos molestos jueces y los periodistas? Le dije son meros pasajeros en TU experiencia. Sólo recuérdate que son iguales que los demás extraños que te observan en una de tus prácticas desde las gradas. Se trata de tu experiencia, no de su narrativa. Te ha encantado patinar y ser creativo en el hielo desde que eras un niño. Sólo sé tú en la pista. Esta experiencia es exclusivamente tuya. Recuerda, las emociones son contagiosas. Tu cuerpo seguirá a tus emociones. Crea emociones de diversión, emoción, felicidad... como una práctica feliz, suelta y llena de energía. El cuerpo te seguirá.

De acuerdo, eso me ayuda mucho. ¡Mil gracias!, me contestó Nathan, y ya no volví a saber de él. ¿Había funcionado mi consejo? Me di una idea cuando encendí la televisión para ver la competencia. Las cámaras seguían a Nathan en la zona de calentamiento de los atletas. Como muchos de los patinadores, visualizaba su programa, los ojos cerrados, los audífonos puestos, el cuerpo trazaba algunos de los movimientos que pronto haría en el hielo. Había visto esto mismo muchas veces, pero en esta ocasión era un poco diferente. ¡Nathan se estaba riendo! No mucho, no muy fuerte, pero varias veces, mientras se movía por su propio mundo, encontraba algo que lo hacía sonreír.

"Creo que eso fue natural", dijo después, cuando le pregunté por la sonrisa. "De manera consciente me estaba obligando a divertirme. Para esto entrené, me dije, y sin importar cómo salga, quiero tener esta oportunidad".

Y vaya que la tuvo. Un hombre chino-americano patinando en la ciudad natal de su madre, miles de millones de personas viéndolo en el mundo, protocolos rígidos de Covid, un programa muy difícil, cuatro años invertidos en limpiar el recuerdo de tres minutos de patinaje que salieron mal, ejecuta su rutina de la mejor manera y gana con ventaja. De hecho, a excepción de los miembros del ejército y los rescatistas con quienes he trabajado y a quienes he visto en acción, esta ejecución del programa corto fue uno de los desempeños más increíbles, si no es que el más increíble que haya visto. Nathan Chen es un atleta y una persona de nivel superior, con un intelecto agudo, una humildad desbordante, una ética laboral exhaustiva y valores bien cimentados. Todo lo que ha logrado en la vida, dentro y fuera del hielo, es resultado directo de esas características. Yo tan sólo lo guie para que descubriera las técnicas de desempeño mental necesarias para ser su mejor versión. Actualizar todas esas técnicas fue obra suya.

En el tiempo que trabajamos juntos, Nathan aprendió y se superó en varias técnicas de desempeño mental: visualización, preparación detallada de su mentalidad, diálogo interno positivo y enfoque sólo en lo que puede controlar. Pero debajo de todas esas tácticas se encontraba el principio fundamental de la diversión y su pariente cercano, el propósito. ¿Por qué nos desempeñamos en algo? Sí, los resultados importan: trofeos, medallas, ingresos y recompensas. Pero lo que realmente nos motiva es algo interno. El significado, el propósito y la alegría no están relacionados con jueces ni con calificaciones ni nada. Están dentro de nosotros. Son intrínsecos. Para convertirse en campeón olímpico, Nathan se tuvo que olvidar de convertirse en campeón olímpico y recordar cómo divertirse.

¿Cómo le fue? "En Pekín estuve en una suite con tres de mis amigos más cercanos del equipo. Llevé una guitarra conmigo. Tocaba una hora sin darme cuenta de cuánto tiempo había pasado. Realmente lo disfruté. ¡Me divertí!". Y luego ganó.

Suficiente sobre mí. Empecemos a trabajar. ¿Ya estás listo para aprender excelencia?

CAPÍTULO 3

VALORES Y METAS

Empecé a pensar que primero era humano y luego era un clavadista. Por primera vez en mi carrera pude superar por completo el fenómeno de la reputación.

—David Colturi, clavadista competitivo

David Colturi solía preocuparse por su reputación, una locura para alguien que se dedica a echarse clavados desde la orilla de un acantilado. Sí, existe tal cosa como los clavados profesionales desde acantilados. Organizada por Red Bull, la serie mundial de clavados integra docenas de eventos alrededor del mundo cada año. Los clavadistas saltan desde una pequeña plataforma, por lo general construida en la cima de un acantilado, pero en ocasiones desde puentes y edificios a una altura promedio de veintisiete metros. Llegan al agua con una velocidad superior a los 80 km/h. Cuando se avienta, David tiene cosas más importantes por las cuales preocuparse que su reputación.

"Estás ahí, como a treinta metros, más o menos la altura de un edificio de ocho pisos", dice David, describiendo la experiencia. "Cuando te paras en la orilla y ves hacia abajo, los buzos de seguridad se ven como puntitos. Como hormigas en el agua". Al leer la descripción de David, cualquiera con miedo a las alturas (o cuerdo) podría sentir cierta aprehensión. Tú sientes tu miedo. David también lo siente. "Ahí es cuando se engancha mi temor instintivo más básico, la respuesta de pelea o huida. El miedo es algo necesario. No se trata de la ausencia de miedo, sino de controlarlo".

Durante su infancia en Ohio, David fue un atleta activo en muchos deportes, pero se comprometió por completo con los clavados desde trampolín y plataforma en la preparatoria. (Los trampolines llegan hasta tres metros por encima del agua. Las plataformas hasta diez metros.) David era el mejor en los eventos de plataforma de diez metros y ganó el campeonato nacional varonil de Estados Unidos en clavado individual y sincronizado en 2009. Para entonces ya había empezado a saltar de alturas mucho mayores; en un empleo que tuvo durante el verano en un espectáculo de un parque acuático tenía que saltar ¡desde una plataforma de veinte metros! Fue a la Universidad Purdue y cursó el propedéutico de medicina con el plan de entrar a esa carrera y estudiar los límites del desempeño humano, pero luego decidió aprenderlos de primera mano en lugar de hacerlo académicamente... tirándose de acantilados. Calificó para la Serie Mundial de Red Bull en 2012, y se convirtió en el clavadista más joven en lograrlo.

En algún punto del camino, los entrenadores de David le enseñaron muchas técnicas mentales, como propiciar cierta mentalidad, visualización y compartimentación, pero no las asimiló realmente. "Era súper emocional", recuerda David. "Me preocupaba la opinión de los demás y todas las distracciones y el ruido; no tenía la capacidad de callar todo eso. Así que, cuando mis entrenadores me enseñaron todas esas técnicas, no me pude apegar a ellas".

David y yo empezamos a trabajar juntos en abril de 2016. En aquel entonces, David era un estratega, un clavadista muy hábil que aplicaba de manera muy adecuada las técnicas mentales que le habían enseñado, por ejemplo, la de visualizar. Pero se enfocaba mucho en la reputación y con frecuencia dejaba que sus emociones lo entorpecieran. Mi evaluación inicial mostró que poseía un bajo control emocional, un nivel alto de diálogo interno negativo y niveles de automaticidad bajos, la habilidad de confiar en el entrenamiento y entrar en "piloto automático" al ejecutar algo. La gente con un nivel bajo de automaticidad tiende a pensar demasiado en su desempeño próximo, lo cual lleva a parálisis de la acción, ansiedad y dudas personales. No precisamente lo que necesitas cuando estás a punto de aventarte de un acantilado a veintisiete metros por encima del agua. En esas condiciones, cuando es el momento, quieres que tu mente esté vacía y sentir confianza en tu entrenamiento.

En el verano de 2018, David estaba compitiendo en un evento en Sisikon, Suiza, una aldea en la costa del lago Lucerna. Para ayudar a promocionar el evento, accedió a hacer un "clavado de adelanto", donde el clavadista aparece unos días antes del evento y realiza un clavado de prueba para generar interés. En el caso de David, el truco publicitario era saltar de una minúscula plataforma suspendida desde un parapente. Como si saltar desde un acantilado no fuera lo suficientemente difícil. David y el piloto despegaron desde una colina cercana, sobrevolaron el lago y en el lugar preciso, David saltó de la plataforma.

El primer intento no fue genial. Determinado a hacerlo bien para las cámaras, David y el piloto lo intentaron de nuevo. "En el segundo intento", dice David, "llegamos súper alto y muy lento. Me puse de pie, estaba listo para lanzarme. Pensé que estábamos demasiado alto, y luego, tan pronto como salté, me di cuenta de que sí. Creo que estábamos como a treinta y cinco metros. Justo antes de golpear el agua, porque estaba a punto de caer de panza, me giré para recibir el impacto en el costado. Casi quedo inconsciente. Pensamos en cancelar el proyecto, pero yo soy muy necio. Realmente quería hacerlo y que saliera bien".

Así que lo intentaron de nuevo, y en el tercer y cuarto intento les salió bien. En videos del clavado que están disponibles en línea, se puede ver a David ejecutar un claro giro y entrar al agua primero con los pies, luego salir a la superficie con una inmensa sonrisa y saludar. Unas horas después se desmayó. Resultó que su bazo se había lacerado terriblemente con el impacto contra el agua durante el segundo clavado. Lo llevaron de emergencia al hospital, donde le salvaron la vida al extirpárselo.

Al siguiente día, David se despertó en la unidad de cuidados intensivos y su cirujano le comunicó que tenía suerte de estar vivo. Su abuela le llamó y le dijo: "Ya terminaste con esto de los clavados, ¿verdad?". En ese momento, David se dio cuenta de que estaba decidido a continuar, que podía volver todavía más fuerte y hacerlo mejor. Se sentía mal por decepcionar a su abuela, pero le emocionaba regresar a entrenar una vez que se hubiera recuperado.

Mientras que el accidente en Suiza no fue exactamente una epifanía para David, sí le dio la oportunidad de sumergirse por completo en el trabajo de desempeño mental que había empezado un par de años antes. Su reto principal: dejar de darle importancia a su reputación y valorar su identidad. Para hacerlo necesitaba descubrir esa identidad.

¿Quién eres?

Es una pregunta muy sencilla, ¿no? Es probable que respondas con tu nombre y quizá tu profesión (si eres un adulto) o en qué año vas en la escuela y a cuál (si eres estudiante). Podrías agregar algún detalle, como de dónde eres o si estás casado o soltero, y tal vez decir con qué pronombre te identificas. Sin embargo, nada de lo anterior se acerca a tu verdadero yo: los seres humanos somos mucho más complicados como para resumirlo en una respuesta sencilla a una pregunta sencilla. No eres tu nombre, tu profesión, tu escuela, tu hogar ni tu género. Todo eso es parte de ti, pero no te define. Eres un cúmulo corpóreo de emociones, pensamientos, experiencias, conocimientos, sabiduría y valores. Mucho más que una respuesta a quién eres.

Aprender excelencia comienza con el desarrollo de una profunda comprensión de nosotros mismos: cómo actuamos, por qué actuamos de esa manera, qué nos mueve. Por eso, al trabajar con alguien que desea optimizar su desempeño, comienzo con el desarrollo de un credo personal como cimiento necesario para construir la excelencia. Es una declaración breve de diez palabras que define tu identidad. Estos "marcadores de identidad" constituyen el núcleo de lo que te importa, disfrutas, representas y para lo que vives. Llegamos a él haciendo unas cuantas preguntas contundentes. La primera es la que los ejecutantes de élite aprenden a *no* hacerse: ¿Qué piensan de ti los demás?

Esta pregunta hace que se te acelere la mente, ¿no? Quizá te provoque un poco de ansiedad. Es probable que respondas diciendo, "Espero que piensen...", seguido de una serie de cosas positivas que, en tu mundo ideal, la gente usa para describirte. Luego suspiras y dices, "Pero probablemente piensan...", seguido de una serie de cosas menos positivas que, en tu mundo realista, la gente usa para describirte. Esperas que piensen positivamente, te preocupa que no lo hagan.

De hecho, haces más que sólo preocuparte. Si eres como la mayoría de los seres humanos, pasas más tiempo inquieto por lo que los otros piensen de ti (reputación) que por tus propios valores, motivaciones y metas (identidad). Se trata de un problema para los ejecutantes: en mi experiencia, quienes se preocupan por la reputación —colegas y compañeros de trabajo, redes sociales, competencias, accionistas— no se desempeñan tan bien.

Cuando trabajamos en redireccionar la atención lejos de la reputación y hacia la identidad, el desempeño mejora.

Nuestra posición en el espectro de la reputación versus la identidad evoluciona. De niños, todo es sobre nuestra identidad. Ya sea que juguemos, corramos, bailemos o incluso hagamos un berrinche, nuestras acciones no tienen nada que ver con lo que otros piensen de nosotros. No es lo mismo que decir que los niños son egoístas; de hecho, la amabilidad y la generosidad con frecuencia son componentes de nuestra identidad. Es sólo que lo que otros piensen no nos parece tan relevante. Pero pronto nos empieza a importar. Dejamos de jugar, correr y bailar con abandono (la mayoría de nosotros por lo menos), y dirigimos nuestras inquietudes hacia la reputación. Para cuando llegan nuestros años de adolescencia, nos absorbe, situación que se amplifica con las redes sociales. Se nos dice y se nos muestra incesantemente qué es el éxito y cómo se ve la felicidad, en lugar de extraer estos conceptos de nosotros mismos. No es lo que nos importa a nosotros, es lo que a *ellos* les importa. Esto puede conducir a una ansiedad durante la ejecución: poca seguridad, menos ambición y esa incansable y molesta voz en tu cabeza que no se calla.

Que nuestra reputación sea importante es un tipo de motivador extrínseco: extrae sus beneficios de algo externo, mientras que los motivadores intrínsecos provienen del interior. La evidencia de algunas investigaciones nos dice cómo los motivadores intrínsecos son más potentes que los extrínsecos, lo que en la práctica significa que profundizar en los motivadores intrínsecos, como la identidad, puede sobrepasar el motivador extrínseco de la reputación. Por supuesto, las cosas son un poco más complicadas que simplemente decir intrínseco > extrínseco, o identidad > reputación, pero lo que sí puedo afirmar a partir de mi experiencia es que, si se le deja desatendida, esa angustia por tu reputación puede consumirte en el momento de tu desempeño, incluso cuando crees que no eres susceptible a ella.

Pete Naschak fue Navy Seal por veintiún años y llegó a ser jefe maestro del equipo 5 de los Seals, con hasta quinientos Seals, marinos y soldados bajo su mando cuando los destinaron a Iraq. (El jefe maestro es el líder más veterano en un comando; funge como consejero principal para el oficial mayor, experto en táctica y entrenamiento superior, y contacto entre los reclutas y sus familias.) Hoy en día, Pete todavía recuerda cómo el preocuparse por su reputación le estorbó al inicio de su carrera como Seal. "En el entrenamiento, a veces estaba más enfocado en no querer hacer algo mal. Me preguntaba qué pensarían los demás. No quería equivocarme y que eso afectara mi reputación".

La buena noticia es que, cuando eres fiel a tu identidad, tu reputación se encarga de sí misma. Lo he visto pasar una y otra y otra vez. Un ejecutante sólido empieza a leer esos comentarios en línea o a ceder a lo que piensa que su público o sus colegas quieren, y todo le empieza a ir mal. Cuando ese mismo ejecutante aprende a ignorar la reputación y abraza la identidad obtiene mejores resultados y es una persona más feliz. El truco es desplazar la atención de la reputación hacia los recordatorios de la identidad. Sé fiel a ti mismo y cosas buenas pasarán. Esto requiere una comprensión más profunda del yo de la que la mayoría de la gente posee. No es difícil desarrollarla, pero sí toma tiempo.

El credo personal es el fundamento y el proceso para reenfocarte de la reputación a la identidad. Desarrollarlo no es un ejercicio rápido; si crees que ya terminaste después de una hora de reflexión, te equivocas. En cambio, una vez que decides crear tu credo, debes tomarte el tiempo durante las siguientes semanas para notar las cosas que te aportan energía, alegría, motivación y emoción. ¿Cuáles son esas características o atributos que describen mejor tu esencia? Pon atención a lo que te importa y en esos momentos anota una palabra o dos para describir el valor central de esa emoción que estás sintiendo. Podrían ser cosas grandes, pero también pequeñas. Si una buena comida te da alegría, toma un momento para meditar por qué. Seguro, sabe bien, pero probablemente se trate de algo más profundo.

Sé expansivo en este proceso; más adelante recortarás la lista, así que está bien aventar unas cuantas ideas por ahí a ver si pegan. Toby Miller, atleta de esquí sobre nieve profesional con quien he trabajado, comentó que, "cuando hablamos por primera vez sobre crear mi credo personal, pensé, esto va a ser muy fácil. Yo sé quién soy. Pero en el segundo que empecé a escribirlo me di cuenta de que no se me ocurrían diez palabras. Todo era sobre el esquí sobre nieve. Me di cuenta de que soy hermano, novio, hijo. Lo mejor fue que soy un atleta, no sólo de esquí sobre nieve, y esto me ayudó a encontrar nuevas pasiones que me encantan". (Toby tenía veintidós años cuando dijo esto.) Al final, desarrolló el siguiente credo: *Motiva, apoya, aprecia, curioso, aventurero, positivo, preciso, humilde, organizado.*

Una vez que hayas desarrollado esta lista de marcadores de identidad, el siguiente paso es consolidarla en diez palabras o menos. Si bien esta cifra es hasta cierto punto arbitraria, el ejercicio de reducir la lista es valioso en sí mismo, ya que te impulsará a priorizar e ir más allá. ¿Por qué esto es un valor para mí? ¿Cuáles de estos marcadores considero que son los mejores, cuáles son las cosas que deseo duplicar y triplicar? ¿Cuál me emociona más de todas?

Cuando ya hayas escrito tu lista, pídeles a algunas personas cercanas que escriban su versión de tu credo personal. ¿Qué creen que tú valoras? No necesitan tomarse semanas para hacerlo; unos treinta o sesenta minutos de pensar tranquilamente deberían ser suficientes. Cuando compartan contigo esta lista, ve qué coincide con tu lista y qué novedades surgen. Cuando yo lo hice con mi esposa y un par de amigos, ellos notaron mi valor de no ser conformista: ¡no me gusta conformarme! Ya estaba en mi lista, pero también comentaron sobre mi sentido del humor, algo que yo no había incluido.

A lo largo de este proceso, sé honesto contigo mismo. He visto clientes que empiezan con cosas como "ganar a toda costa", "ser multimillonario", "inquieto" e "insatisfecho", cosas que no se sentirían cómodos de compartir con todos. Eso está bien; el punto del ejercicio es verte en el espejo y discernir quién eres. En algunos casos (como "ser multimillonario"), puedes indagar en los valores que hay detrás. Otros podrían estar bien como están: el cliente que dijo ser "inquieto" e "insatisfecho" como parte de su centro usó esos valores como combustible para mejorar. Esta autoexploración te ayuda a aprender más sobre quién eres. Además, tus valores no están tallados en piedra; evolucionan conforme creces y tu vida cambia.

Cuando le encargué a David Colturi que desarrollara su credo personal después de su accidente, se cuestionó sobre lo que diría la gente en su funeral y lo que le gustaría que dijeran como una forma de calibrar su legado. ¿Sería algo de lo que estaría orgulloso? Tomó un poco de tiempo y no hubo un "momento ajá" en particular. Gradualmente, apareció un autorretrato más completo, palabras que no sólo representaban su credo, sino que se convirtieron en componentes cruciales de su identidad: *generoso, disciplinado, determinación, considerado, estoico, claridad, carácter, valor, ikigai, evolución.*

David perdió su patrocinio de Red Bull casi al mismo tiempo que sucedió su accidente. No sólo fue un golpe a sus finanzas, sino también a su identidad. "Me di cuenta de que era mucho más que un clavadista de Red Bull. Seguía siendo un ser humano increíble cuyo valor no dependía de esas cosas".

Conforme transcurrieron las semanas y los meses, David se sintió más cómodo en su propia piel… Estaba en paz. "Por primera vez en mi carrera, comence a creer que iba a poder superar por completo el fenómeno de la reputación".

Meditó más sobre lo que disfrutaba y lo que no, y empezó a evitar esto último. Suena simple, ¿no? Me gusta el helado, así que lo como; no me gusta el *bok choy*, así que lo evito. Pero, ¿qué hay de la invitación a la fiesta que te hizo el amigo de un amigo a quien no conoces realmente? No quieres ir, pero "deberías" porque, ¿qué va a pensar la gente si no estás ahí? David ya había estado en esa situación muchas veces, pero cuando dejó de preocuparse tanto por lo que otros pensaran, empezó a decir que no más seguido. Ahora actúa a partir de su identidad, en lugar de su reputación.

Nada de esto es fácil. "No preocuparte por tu reputación, lo que otros piensan, es superhumano", dice David. "La experiencia de casi morir me dio una perspectiva nueva. Me dio mucha más determinación, más firmeza. Me costó trabajo aprender sobre mi carácter. Aprendí a dejar de enfocar mi energía en las cosas equivocadas. Me cambió la vida". El accidente fue un catalizador, que le dio la oportunidad a David de desempacar, explorar y afilar su perspectiva. Resurgió como alguien con una amabilidad contagiosa y una disciplina extraordinaria; tranquilo, en equilibrio y enfocado en su identidad. Su automatización es mucho mayor; está de nuevo en la cima de acantilados de veintisiete metros, pensando menos y haciendo mejores clavados.

Yo vuelvo a mi credo personal tan seguido que lo puedo recitar sin siquiera pensarlo: *Asombro, permanecer hambriento, permanecer humilde, permanecer conectado, lealtad, escuchar, reír*. Lo he usado para guiar cada decisión importante en mi vida y les aconsejo a mis clientes que hagan lo mismo.

Blaine Vess es un emprendedor e inversionista con quien empecé a trabajar en 2020. En 1999 cofundó la empresa Student Brands con un amigo. Blaine estaba en su primer año de universidad en aquel entonces y empezó la compañía como medio para compartir notas de las clases e investigaciones en línea. Sus padres le habían dicho que la vida no siempre era divertida, pero cuando sus colegas y él se graduaron de la universidad y se mudaron juntos a una casa en Los Ángeles, se divirtieron mucho. También trabajaron duro y remontaron muchas subidas y bajadas antes de eventualmente venderle la empresa a Barnes & Noble Educación en 2017.

Blaine y yo trabajamos juntos en cosas como establecer metas y compartimentar, pero el proceso de elaborar su credo (*libertad, paciencia, autenticidad, diversión, emprendimiento, mentalidad de crecimiento, reciprocidad, autoconciencia, comunidad, humildad*) fue lo más importante para él. "Mi credo ha sido algo inmenso", dice. "De todos mis atributos, el que sobresale es la diversión. En todo lo que hago me impulso a pensar en grande, pero luego pienso que debería bajarle un poco y acordarme de divertirme". Ahora usa su credo para guiar su estrategia al invertir en docenas de nuevas empresas.

Ted Brown es otro buen ejemplo. Ted es productor y presidente de Lockton Denver, una firma grande de control de riesgos y prestaciones para los empleados. El título de Ted suena grandioso, pero lo más impresionante es que se trata de uno de los principales productores de Lockton y ha establecido relaciones invaluables con decenas de clientes. En su campo, Ted se desempeña en un nivel de clase mundial y está en su mejor momento. Incluso con ese título grandilocuente, Ted me dice que le encanta "salir y conseguir más negocios".

Empecé a trabajar con Ted en 2018 y para ese entonces ya era muy exitoso. Su esquina de la industria de seguros es hipercompetitiva y la reputación cuenta más ahí que en la mayoría de los trabajos. Las empresas arriesgan y su exposición la ponen en tus manos, así que necesitan confiar y creer en ti en un nivel personal muy profundo. Sin embargo, incluso en este ambiente donde la reputación en verdad cuenta, Ted tenía que dejar de preocuparse por ella para ser su mejor versión. Juntos trabajamos en redirigir su enfoque de la reputación a la identidad.

Después de unos cuantos meses de iteración, Ted desarrolló su credo: *Familia, determinación, líder servicial, equipo, autenticidad, competencia, sacrificio, desempeño y amor*. Estos marcadores de identidad se convirtieron en su enfoque diario y el lente por el que empezó a ver todo, tanto en Lockton como en casa. Los resultados fueron dramáticos. En promedio, el índice de crecimiento anual compuesto de Lockton es doce por ciento; Ted llegó a 36 por ciento después de empezar a trabajar juntos. "Por fin me empecé a enfocar en lo que realmente me importa y dejé de preocuparme por mi reputación", recuerda Ted. Luego se ríe y dice, "¡Es probable que tenga una mejor reputación ahora que nunca!".

Encontrar tu ancla en un credo de valores bien concebido puede ser más que sólo la base para una práctica de desempeño mental: puede ser crucial para tu vida. Durante casi nueve años, Andy Walshe dirigió un programa de alto desempeño en Red Bull, donde trabajó con cientos de atletas de élite y artistas. Descubrió un giro interesante en la importancia de que los ejecutantes tuvieran un credo personal, "Necesitas un significado y un propósito para sobresalir en la vida", explica. "Si sólo vives para ser el mejor en el mundo, una vez que *lo consigues* te sientes vacío. Si eres lo que haces, entonces te estás poniendo en peligro a ti mismo. En algún punto ya no vas a ser el número uno. Un desempeño alto es extraordinario, pero para la mayoría de la gente es sólo una etapa de su vida. No puedes desempeñarte al máximo para siempre. Queremos que lleguen a ser el número uno, pero al mismo tiempo queremos ayudarlos con lo que venga después. Lo hacemos al devolverles la conexión con sus valores humanos. Para crear un mejor tú: humano, compañero de equipo, miembro de una comunidad".

Tu credo refleja y codifica quién eres. Crearlo y leerlo ayuda a producir esa conexión a la que Andy hace referencia. Es poderosa porque hay algo energizante sobre conocerte y desempeñarte tal como eres. Puedes contar con tu identidad; con tu reputación no.

¿Cuáles son tus metas?

Cuando Carli Lloyd tenía nueve años hizo una lista. Iría a un campamento de futbol, y la lista, diligentemente escrita en su cuaderno y descubierta muchos años después en una caja en el ático por una Carli ya mayor, incluía las cosas que quería aprender en el campamento. No fue un acontecimiento inusual, al contrario. La pequeña Carli era la reina de las listas. También hizo una lista que decía que de grande quería ser rica, famosa y veloz. La lista no incluía ser el pilar de la selección nacional de futbol femenil de Estados Unidos que ganó dos Copas Mundiales de la FIFA (2015, 2019) y dos medallas olímpicas (2008, 2012), ni ser nombrada jugadora del año por la FIFA (2015, 2016). De ser así, hubiera tachado cada punto.

Sería exagerado decir que el gran éxito de Carli era resultado de su afición por hacer listas, pero "establecer metas y escribirlas es una parte enorme de cómo llegué adonde estoy hoy", dice. "Ese proceso no ha cambiado. Todavía escribo metas generales; quiero aprender estas maniobras, quiero lograr esto en un entrenamiento". Y no son sólo metas relacionadas con el futbol. "También me pongo metas de vida". ¿Como cuáles? "Países que quiero visitar. Citas y extractos de libros. Cosas que quiero aprender. Siempre hay algo que aprender".

Crear una meta es un buen principio, pero hay pasos adicionales en el proceso de establecer metas para ampliar las posibilidades de tener éxito.

- Escríbelas.
- Comprométete públicamente (al compartirlo con otros).
- Crea un plan para hacerte responsable.

Escribirlo es un gran paso. El acto de codificar una meta de inmediato crea responsabilidad; ahora que tiene una presencia física, tienes que volverla realidad. Compartir la meta con otros —amigos, colegas, familia— escala la responsabilidad todavía más. Una vez que les dices a las personas que harás algo, ahora sí tienes que hacer que suceda. Y tener un plan para lograr la meta y registrar tu progreso es mero sentido común. Un estudio de 2015 dirigido por la psicóloga Gail Matthews corrobora esta jerarquía al establecer metas: la gente que sólo pensó sus metas las consiguió (o estaban en el proceso de hacerlo) 43 por ciento de las veces; escribir las metas disparó ese índice a 62 por ciento, y compartir tanto las metas como las actualizaciones del progreso cotidiano con un amigo lo incrementó a 76 por ciento.

(Un conocido estudio de egresados de la Universidad de Yale en 1953 descubrió que sólo tres por ciento de ellos había escrito sus metas al graduarse. Veinte años después, ese tres por ciento había acumulado más riqueza que el otro 97 por ciento junto. Este estudio se enseñó durante años en los programas de posgrado de psicología, incluyendo el mío, como ejemplo del poder que tiene establecer metas. Desafortunadamente, un artículo de *Fast Company* de 1996 revisó la investigación y concluyó que el famoso estudio de Yale nunca se hizo. Quizás era conocido, pero también era un mito. Esto inspiró a Matthews a realizar su propio estudio, el cual corroboró muchos de los hallazgos en la leyenda de Yale. ¡Excepto por la parte de la riqueza!)

Hacer un credo ayuda a anclarte en tu desempeño. Establecer y escribir metas es útil para que te vuelvas excelente. Yo les pido a mis clientes que lo hagan en seis aspectos de su vida: trabajo, relaciones, salud, espiritualidad, pasatiempos y legado. La indicación que les doy: "En uno, tres y seis meses, ¿qué quieres alcanzar en cada área?".

Establece metas específicas, no vagas, que sean fáciles de comprender y fáciles de medir. Cuando establecen sus metas, los Navy Seals emplean un marco de pensamiento llamado "SMART" ("inteligente", por sus siglas en inglés). Una buena meta debería ser **e**specífica, **m**edible (sabrás cuando la hayas alcanzado), **a**lcanzable (es plausible que la cumplas), **r**elevante (importa) y está sujeta al **t**iempo (se alcanza en un periodo específico). Así que, "Estaré en mejor forma" no es una meta dentro del concepto SMART, pero "Podré trotar seis millas en menos de una hora para diciembre, así que estaré listo para mi liga de basquetbol de invierno" sí lo es.

Las metas orientadas al proceso son por lo menos tan valiosas y efectivas como las orientadas a resultados. Está bien establecer un resultado ambicioso como meta, pero por cada meta enfocada en resultados ("ser vicepresidente a los treinta y cinco" o "correr un maratón en menos de cuatro horas"), es una buena idea establecer una meta relacionada con el proceso también ("pasar una hora al día estudiando el negocio" o "alternar carreras de corta y larga distancia, y entrenar con pesas una vez a la semana"). Los novatos se enfocan en resultados, los profesionales se enfocan en el proceso. (Más al respecto en el capítulo 5.)

Así como establecer un credo personal, desarrollar metas significativas en seis aspectos de tu vida debería ser un proceso iterativo y reflexivo. No sólo anotes algo rápido para que puedas tachar ese último pendiente antes de acabar de trabajar cualquier martes. Tómate el tiempo, escríbelas, déjalas un rato y luego vuelve a ellas.

Ten en mente que las metas que más se pueden lograr son intrínsecas, no extrínsecas. La gente se siente mucho más motivada a lograr metas que se basan en sus valores (intrínsecas) que aquellas basadas en lo que otros piensan (extrínsecas). La meta no es juntar un montón de "me gusta" en tu video de YouTube o en tu publicación de Instagram; es disfrutar lo que estabas haciendo cuando hiciste el video o tomaste la foto. (Lo sé, es un poco loco.) La Carli Lloyd de nueve años no estableció como meta aprender una maniobra en particular en el campamento de futbol porque alguien le dijo que lo necesitaba o porque pensó que impresionaría a sus compañeras; estableció esa meta porque era lo que *ella* quería.

Para asegurar que una meta sea intrínseca, pregúntate por qué es una meta. Si la meta es perder cinco kilos, ¿por qué? Es porque alguien te dijo que te veías fuera de forma (extrínseca) o porque te quieres sentir mejor y más sano (intrínseca)? Por cada meta que crees, explora por qué esa meta es importante. Este sencillo proceso de cuestionamiento dará como resultado metas mucho más significativas.

Se le atribuye a Thomas Edison la siguiente cita: "Para tener una buena idea, ten un montón de ellas". (La cita también se atribuye al ganador del Premio Nobel, Linus Pauling, quien pudo haber agregado "Para tener una buena cita, di lo mismo que Thomas Edison".) Esto no aplica a las metas. Es mejor tener unas cuantas buenas metas que un montón de metas mediocres. Una por área está bien para empezar. Siempre puedes añadir más y mantener las cosas simples es útil para asegurar que tus recursos estén bien enfocados. Sin embargo, lograr esas metas no debería ser tan fácil como subir o bajar un interruptor de luz (cuya facilidad fue una de las ideas de Edison). La excelencia no se da fácilmente. Las buenas metas deben ser realistas, pero también implicar un reto.

En mi experiencia, a la gente le es más difícil poner metas en el aspecto espiritual de su vida. Cuando menciono la espiritualidad, la gente de inmediato piensa en religión. Si no son religiosos (y a veces aunque lo sean), les cuesta trabajo pensar en una meta. Pero la espiritualidad no se trata de religión y estar cerca de tu divinidad y la doctrina de tu elección; se trata de estar en contacto con tu humanidad. ¿Qué significa ser humano?, ¿tener sentimientos? ¿Qué eres más allá de tu ser físico? ¡Hombre, éstas son las grandes interrogantes! Puedes elegir que Dios y la religión sean parte de tus respuestas y tus metas, como al comprometerte a ir más a misa, pero las metas espirituales también pueden incluir cosas como meditación, *mindfulness* o yoga (que es meditación y *mindfulness* parado de cabeza). La espiritualidad está integrada en estas actividades.

Darte espacio para preguntar y reflexionar sobre tu espiritualidad puede ser una meta en sí misma. Muchos de los ejecutantes con quienes he trabajado son jóvenes, no tienen miedo y nunca se han tomado el tiempo de investigar a fondo su propia humanidad y espiritualidad. Muchas personas incluyen la meditación y "estar más presentes" como una meta, lo cual está bien, pero recuerda preguntar por qué. Si tus metas son ésas porque son las metas de mucha gente, empieza otra vez.

Toby Miller, el atleta profesional de esquí sobre nieve, parece aludir a Carli Lloyd cuando habla de sus prácticas para establecer metas. "Desde chico", dice, "escribía todos los trucos que quería aprender. ¡Recientemente encontré una lista que hice a los diez años! El proceso no ha cambiado. Todavía escribo mis metas en general, las maniobras que quiero aprender. Tengo metas específicas para cada campamento. Las escribo y me llevo la lista conmigo. Si estoy teniendo un mal día, uso mis metas para convertirlo en uno bueno. Siempre hay algo que puedo aprender".

¿Cuál es tu motor?

En marzo de 2009, los Yankees de Nueva York me invitaron a su campamento de entrenamiento de primavera en Tampa, Florida, para hablar ante jugadores, entrenadores y personal sobre las características y prácticas mentales de quienes tienen un desempeño de élite. Una semana después más o menos, entré a la casa club de los Yankees un par de horas antes de un partido y me quedé anonadado al ver no sólo a la alineación actual (que incluía superestrellas como Derek Jeter y Alex Rodríguez), sino a muchos jugadores icónicos de ese equipo, los grandes del pasado, como Reggie Jackson, Goose Gossage y Yogi Berra. Desde niño he sido fanático del beisbol, así que estaba consciente de que me encontraba ante la realeza del deporte. Un poco nervioso, empecé mi presentación. Esto fue unos cuantos años después de que mi equipo y yo desarrolláramos el primer temario para resiliencia mental para los Navy Seals, así que hablé de eso.

Cuando concluí mi presentación, junté mis cosas y me dirigí a la salida mientras los jugadores se iban hacia el partido. Fue entonces que Yogi Berra me buscó. "Gran plática, doc, me encantó", dijo, "pero, ¿le puedo añadir algo a lo que dijiste?".

¿Que si podía añadir algo a lo que dije? Yogi Berra fue cácher de los Yankees de 1946 a 1963, ganó diez campeonatos mundiales y tres premios al jugador más valioso, y apareció en dieciocho Juegos de las Estrellas en ese tiempo. A su carrera como jugador le siguieron muchos años de éxitos como entrenador y director en ligas mayores, y lo incluyeron en el Salón de la Fama del Beisbol en 1972. Fue la inspiración para el personaje animado "más inteligente que el oso común", el Oso Yogi. (Yogi —la persona— murió en 2015.) Así que, claro que podía añadir algo. Se le atribuye a Yogi haber dicho, "Cuando veas un tenedor* en el camino, llévatelo". Recogí el tenedor y le dije que estaría honrado de escuchar lo que tuviera que decir.[1]

Sus comentarios fueron cortos y amables. Me dijo que había jugado y entrenado a muchos grandes jugadores, y a todos los motivaba algo. Él lo llamaba su "motor". Había visto muchas razones distintas entre esos jugadores, y las más prevalecientes eran no perder y ganar (que no son lo mismo). Pero fuera la motivación que fuera, cada jugador tenía algo por qué jugar.

Las palabras de Yogi no alcanzaban el legendario estatus de otros yoguismos, pero tuvieron un efecto inmediato en mí. Si bien le había puesto atención a la motivación en mi trabajo hasta entonces, me pareció que su convicción sobre este punto era impactante. Después de todo, yo siempre les señalaba a mis clientes la necesidad de adentrarse más en los factores que los motivaban. Años después me encontré un par de citas de Yogi que me devolvieron a ese día en la casa club de los Yankees durante el entrenamiento de primavera. "Perder es un gran motivador", dijo el hombre que más lo evitó durante su carrera como jugador. Y, "Si no sabes a dónde vas, probablemente no llegarás".

Para ayudarte a llegar ahí, una mejor pregunta que "¿Qué te motiva?" sería "¿Cuál es tu motor?". Aprender a ser excelente es todo sobre ese motor y su combustible. ¿Cuál es tu motor?, ¿el dinero?, ¿la fama?, ¿el reconocimiento?, ¿el éxito?, ¿ganar?, ¿no perder?, ¿la vanidad?, ¿el amor?, ¿el odio? Si tu respuesta a esta pregunta es algo sencillo (dinero, fama, estatus), hazte otra pregunta: ¿Por qué?, ¿por qué me importan la fama o el dinero?, ¿por qué ese ascenso me importa tanto? Muchas veces hay motivaciones más profundas en juego y comprenderlas ayuda.

Hay una diferencia sutil entre la motivación (tu motor) y los valores (tu credo). El motor es el que te motiva; el credo es lo que te importa en lo más hondo de ti. Por ejemplo, alguien que creció con inseguridad económica

---

* *Fork*, en el original. Este término alude tanto al utensilio de mesa como a una bifurcación o encrucijada. (*N. de la T.*)

podría sentirse motivado por el dinero y valorar la seguridad. La gente que valora la ambición se sentirá motivada por el éxito y todos sus adornos. La competitividad como valor está correlacionada con ganar como motivador. Al principio, cuando empecé a trabajar con clientes, les pedía que pensaran en su credo, el cual requiere meditación y reflexión, y suele ser una experiencia enriquecedora. Este proceso puede incluir que observes los motivadores, los cuales suelen ser más obvios. El desempeño óptimo se da cuando los motivadores y los valores están alineados: las cosas que te impulsan se apoyan en tus valores fundamentales. Éste no siempre es el caso; en ocasiones, descubrimos que aquello que nos mueve no se alinea con nuestros valores. Quizá deseamos ese auto nuevo o el ascenso por factores externos en lugar de internos. Cuando se da tal desajuste, la gente muchas veces replantea su motor.

¿Qué es lo más difícil que has vivido?

En el año 2000 me pidieron dar una opinión como experto en un caso forense. Me ponía nervioso que el abogado de la otra parte me hiciera preguntas difíciles. Me cuestionaba cómo iba a responder si me hacía preguntas así: "En su opinión profesional, ¿es probable que esta persona se comporte así en el futuro?". ¿Cómo iba a dar una opinión profesional sobre la probabilidad de un comportamiento futuro en particular?

Hablé con mi amigo y mentor, el doctor Bill Perry, sobre mis inquietudes. Bill ha sido mi mentor desde que nos conocimos en 1994. Neuropsicólogo clínico de renombre, fue mi asesor de tesis y me asesoró en el proceso para obtener mi doctorado; ha sido una guía invaluable en mi desarrollo profesional. Ese día me contestó con una perla de sabiduría que recuerdo con frecuencia. "El mejor predictor del comportamiento futuro es el comportamiento pasado", dijo Bill. "Si alguien te pregunta si una persona hará algo en el futuro, la mejor respuesta es preguntar si ya lo hizo en el pasado". La gente puede cambiar y lo hace, pero el comportamiento anterior suele ser un buen indicador del comportamiento futuro. Sabio consejo, bien sustentado en un enorme cuerpo de investigación.[2]

Mucho de la excelencia tiene que ver con desempeñarnos bien bajo estrés: la entrevista de trabajo, el discurso, la junta importante o la presentación.

El modo en que te desempeñas bajo estrés, en esos momentos de reto y controversia, forma parte de tu ser. Por eso, en mi primera sesión con alguien, siempre pregunto: "¿Qué es lo más difícil que has vivido?". Puede ser una interrogante desafiante y emocional; las respuestas que he escuchado incluyen la muerte de un ser amado, un divorcio o una separación, reprobar un examen o un semestre, la bancarrota, el rechazo, perder en un gran juego, un accidente o ser despedido. No hay respuestas correctas; todos hemos pasado por situaciones que nos ponen a prueba.

Luego les hago una pregunta más importante: ¿Cómo sorteaste esa situación? Esto dice mucho, ya que es muy probable que una persona aplique las mismas estrategias y tácticas que utilizó en el pasado para lidiar con una experiencia actual. Tu respuesta puede incluir prácticas sanas (usar técnicas internas de superación, comentar la situación con amigos o familiares, acceder a otros sistemas de apoyo en tu comunidad), no sanas (abuso de alcohol o de sustancias, atacar a otros, buscar culpables, aislarte), humanas (asustarte, empezar a llorar o gritar) o una mezcla de las tres. Recuerda el evento o la época, y cómo te comportaste y te sentiste. Si te ayuda, escríbelo, déjalo un rato y luego retómalo y dale vueltas. De nueva cuenta, no hay una respuesta correcta más allá de ser honesto contigo mismo.

Recordar cómo manejaste las cosas —peleaste, huiste o te paralizaste— te da un buen indicador de lo que sucederá la próxima vez que tu estrés suba. Ya sea que ya hayas aprendido a mantener el control bajo presión o empieces a sudar y jadear como un perro ante la mínima tensión, comprender esa base de comportamiento determina el nivel sobre el que puedes construir y crecer. El carácter se revela en la adversidad. (Martin Luther King, Jr.: "La medida definitiva de un hombre no es dónde está parado en momentos de comodidad y conveniencia, sino dónde está parado en momentos de dificultad y controversia".) Hacer la pregunta más difícil es una forma de mostrarle un espejo a las personas para que vean el patrón de comportamiento que quizá no reconozcan. Puede ser algo muy poderoso y enriquecedor.

Las cosas difíciles y la adversidad son parte de la vida, sin importar en qué época estés de tu vida, cuál sea tu profesión, tu estatus familiar o cualquier otra cosa. Las cosas pasan. Volverán a pasar. Quienes se desempeñan mejor no tienen una fórmula secreta para evadir estas cosas y tampoco están codificados de alguna manera desde su nacimiento para mantener la calma. En cambio, aprenden cuál es su respuesta predeterminada y luego trabajan en mejorarla (más al respecto en los capítulos siguientes).

Saber por qué estás en ese espacio

Puedes emplear las preguntas que expongo en este capítulo para comprender quién eres, qué te importa, cómo manejas la presión y qué quieres lograr. Cuando las cosas van mal o los retos parecen demasiado intimidantes, es fácil derrumbarse. Los ejecutantes que se han tomado el tiempo y la energía intelectual y espiritual para aprender de sí mismos son quienes tienen la entereza suficiente para perseverar. Intrínsecamente saben quiénes son, qué están haciendo y porqué, y nunca tienen que dudarlo.

Cuando Erik Spoelstra me envió un primer correo de la nada en mayo de 2016, ya era un entrenador de la NBA tremendamente exitoso. Contratado por Miami Heat en 2008 como uno de los entrenadores más jóvenes en la historia de la NBA, Erik después llevó al equipo a cuatro finales consecutivas (2011-2014), y ganó los títulos en 2012 y 2013. "Cuando me volví entrenador estaba muy enfocado en los resultados, lo cual me trajo mucha presión y ansiedad", dice Erik. "Luego firmamos con los tres grandes (las superestrellas LeBron James, Chris Bosh y Dwyane Wade se unieron a Miami Heat en 2010) y se volvió definitivamente sobre resultados".

Los resultados que dio Erik fueron muy buenos. Aun así, en el cierre de un periodo de cuatro finales consecutivas, estaba exhausto. "Me sentía vacío, perdido. Me tomé seis semanas lejos del equipo para evaluar las cosas. Estaba dispuesto a encontrar un propósito más profundo en mi trabajo". Erik necesitaba recuperar su identidad y guiar a su equipo y a la organización para que también encontraran la suya. Él quería liderar a su equipo por medio de valores fundamentales, como trabajo en equipo, confianza, vulnerabilidad y responsabilidad personal. No importaba que esta necesidad no estuviera impelida por la presión de la derrota, sino por la presión del éxito. La necesidad era muy real, y en parte por eso Erik me buscó.

Cuando Erik me envió ese correo, me preguntó si nos podíamos reunir durante un próximo viaje que tenía a San Diego. Unas semanas después nos sentamos a comer en uno de mis cafés favoritos de Coronado. Me contó que quería seguir aprendiendo y hacer que sus jugadores estuvieran expuestos a la mayor cantidad de tácticas mentales posibles. Había estado investigando mi trabajo y el de otras personas sobre entrenamiento de resiliencia mental, incluyendo mi programa de BUD/S, y quería saber más. Pasamos un par de horas diseñando cómo fusionar el desempeño mental en la cultura organizacional y de equipo. Me ofreció un trabajo continuo de consultoría y me invitó a asistir al campamento de entrenamiento de Heat en septiembre. Al día siguiente recibí un mensaje de texto suyo: La comida más interesante. Aguas inciertas. Me quedé muy intrigado y quiero ayudar a nuestros jugadores de una forma más poderosa.

Unos meses después, Andrea y yo llegamos al campamento de Heat en las Bahamas. A lo largo de la siguiente semana, mientras Andrea disfrutaba la isla, yo trabajé con el entrenador, con sus asistentes y con todos los jugadores. Di presentaciones sobre desempeño mental, creé perfiles, me entrevisté con cada jugador y asistí a los entrenamientos. Los jugadores y el personal, con Erik a la cabeza, estaban hambrientos de aprender todo lo posible para mejorar su mente. Esto no sólo me permitió ayudar al equipo a ganar, sino también a construir su cultura de excelencia, un viaje que Erik empezó desde la derrota en la final de 2014. "Tengo una gran responsabilidad y me da mucho orgullo ser custodio de esta cultura", dice Erik. "Estamos intentando competir por un campeonato; se trata enteramente de ganar. Eso es obvio. Pero hay un vacío en eso".

Erik comprende que los valores y la cultura del equipo es lo que más importa. "Yo soy el mayordomo y custodio de esta cultura. Cada vez que entro a las instalaciones sé por qué estoy ahí. Si te alejas de tu proceso y tus valores, te pierdes".

PLAN DE ACCIÓN DE EXCELENCIA APRENDIDA:
VALORES Y METAS

PARA CONOCERTE A TI MISMO Y SABER POR QUÉ ESTÁS
"EN LAS INSTALACIONES", ESCRIBE UN CREDO PERSONAL
QUE CAPTURE TUS VALORES FUNDAMENTALES.

Desarrolla metas a largo plazo (a uno, tres y seis meses)
para los seis aspectos de tu vida.

Descubre cuál es tu "motor", las cosas que más
te apasionan, y escarba para comprender la relación
entre tus motivadores y tus valores.

Recuerda tu experiencia más dura y cómo la manejaste,
para comprender tu respuesta de estrés.

CAPÍTULO 4

MENTALIDAD

¿Qué puedo aprender de esto? Cada derrota, fracaso o rechazo
ha aportado distintas respuestas a esta pregunta.

—Katy Stanfill, exoficial naval y piloto

Katy Stanfill es una triunfadora. Jugó en el equipo de futbol mientras estaba en la Academia de la Armada de Estados Unidos y fue una buena estudiante, por lo que se ganó su plaza en la Escuela de Entrenamiento de Aviación en Pensacola, Florida (mejor conocida como escuela de vuelo) después de graduarse. Aun así, siempre fue, en sus propias palabras "un poco tímida; ser asertiva fue algo que tuve que aprender". Su robusto historial de excelencia señalaba, paradojicamente, una falta de confianza subyacente. "Los logros eran algo hacia lo que me inclinaba. Descubrí que podía apoyarme más en ser competente que en tener confianza".

Segura o no, la mentalidad de Katy trabajaba por ella. En la escuela de vuelo se especializó en helicópteros, y cuando llegó el momento de elegir el modelo con el que volaría después de terminar su entrenamiento, se inclinó por el más viejo de la flota naval, el CH-46 Sea Knight de tiempos de la Guerra de Vietnam. Usado para misiones de abastecimiento y búsqueda y rescate, el CH-46 era un "batidor de huevos" con dos rotores encima, pero ninguno en la cola. El que muchos de nosotros hemos visto en las películas.

¿Por qué elegir una máquina tan anticuada? Quizá fue la preferencia de Katy por los retos y los logros. "Los pilotos de jets tenían las mejores calificaciones, pero no era yo. Elegí este helicóptero porque no quería depender de la tecnología y quería ser un "buen mando". Siempre tuve una profunda necesidad de querer probarme a mí misma. Era muy determinada, casi rígida mentalmente. Voy a hacer esto. Como un reto, me gusta cómo se siente del otro lado".

En la escuela de vuelo, Katy tuvo que completar con éxito una ronda en el simulador conocido como *helo dunker*, una cabina de helicóptero donde estaba sujeta por el cinturón de seguridad, lo mismo que su tripulación, la dejaban caer a una enorme alberca y los volteaban de cabeza (los helicópteros son pesados en la parte superior, así que tienden a voltearse en el agua), además de ponerles goggles oscuros para simular condiciones nocturnas. Porque, ya sabes, hacer el ejercicio de día es demasiado fácil. "Mucha gente entra en pánico", dice Katy despreocupada. Ella no.

(Es probable que en este momento estés diciendo "¡Eso suena aterrador!". Lo es. Yo completé mi propio ejercicio en el *helo dunker* a mediados de la década de 1990 como parte de mi régimen de capacitación continua. Me moría de miedo. Ya resulta bastante desorientador estar con el cinturón puesto junto a varios otros, ahora súmale sumergido y de cabeza. Agrega los goggles oscuros y se vuelve realmente aterrador. Tienes que usar tu sentido del tacto para poder salir, junto con los demás miembros de la tripulación, sin perder la calma. Hay buzos en la alberca, a pocos metros de ti, listos para salvar a quien lo necesite, pero en ese momento es fácil olvidarlo. Yo lo pasé, y después, mis subsecuentes vuelos en aeronaves como F/A-18, S-3 y EA-6 fueron relativamente fáciles.)

Después de la escuela de aviación, Katy completó su entrenamiento en SERE (más adelante se convirtió en instructora en SERE, que es donde nos conocimos), así que, para cuando la desplegaron por primera vez, estaba completamente inoculada para manejar el estrés. Cualquiera que pase por el *dunker* y SERE ha estado sometido a las situaciones más estresantes posibles, y Kelly las había manejado con éxito. No es que fuera inmune al estrés, pero estaba armada con herramientas para manejarlo. Estaba lista para cualquier cosa que se le presentara en el camino.

Sin embargo, su primera asignación no empezó bien. Estaba en el mar realizando su primera verdadera misión de "reabastecimiento vertical", que involucra mover carga entre dos barcos por medio de un helicóptero. Cuando Katy estaba descendiendo hacia un barco de la marina con una pesada carga, de pronto los controles de vuelo se pusieron rígidos y no respondían. Fue una situación muy peligrosa para las personas que se encontraban en cubierta a segundos de un posible desastre. Su tripulante soltó la carga cuando el helicóptero se sacudió, así que nadie salió herido, excepto la seguridad en sí misma.

"Mi confianza recibió el golpe", dijo. Cuando volvió al portaviones para aterrizar, "No me atrevía a acercar lo suficiente el helicóptero al helipuerto". Eventualmente le tuvo que dar el control a la copiloto, quien aterrizó con éxito. Revisaron el equipo: todo funcionaba adecuadamente. Cualquier problema que hubieran tenido se debía entonces a un error del piloto.

"Lo que no funcionaba estaba aquí", dice Katy, señalando su sien. "Sentí tanta vergüenza. ¡Pasé tantos años preparándome para esto! Pero no pude acercar el helicóptero lo suficiente para aterrizar". Hace una pausa, se pregunta, "¿Qué me hizo superarlo?".

Katy había llegado hasta ese punto siendo una triunfadora enfocada en resultados y había funcionado porque los resultados la habían favorecido. Pero ahora había fallado, de manera pública y peligrosa, y cuando intentó de nuevo, todo lo que podía pensar era en ese fracaso. Es difícil bajar una carga en la cubierta de un portaviones y Katy se sentía amenazada.

Tuvo que cambiar su forma de pensar. En lugar de enfocarse en la tarea y el resultado (fracaso... vergüenza), de inmediato se puso a trabajar en redireccionar su pensamiento. Se trataba del proceso de volar el helicóptero y toda la preparación necesaria para antes y después del vuelo. "Sólo hazlo, mejorarás, lo lograrás", se recordó a sí misma. Y lo hizo, al comenzar una carrera militar que involucró bajar muchas cargas en muchos barcos.

Tener la mentalidad correcta es la base sobre la que se construyen todos los demás aspectos de *Cómo aprender la excelencia*. Es el sistema operativo para el *software* mental que diferencia a los mejores en su desempeño del resto. Katy no tomó la dirección hacia el éxito hasta que cambió su mentalidad. "Aprendí a disfrutar la montaña rusa a lo largo del camino", dice Katy. "Ahora, cuando las cosas van mal, siempre me aseguro de preguntarme qué se puede aprender de esto. La capacidad de hacernos esa pregunta y realmente sentir el dolor del rechazo o el contratiempo nos permite crecer. Cada derrota, fracaso o rechazo ha aportado distintas respuestas a esta pregunta".

Esto es cierto para cada persona que se desempeña al máximo que yo haya entrevistado o con quien haya trabajado. En algún punto de su vida asimilan las lecciones que les ayudan a redirigir su mente, al grado de que todos exhiben un cúmulo de características increíblemente consistentes. Los mejores no son conformistas ("el conformismo es el enemigo"). A cada momento buscan una ventaja. Son humildes. Son tenaces. Buscan ser parte de algo más grande que ellos mismos. Los mueve el potencial y nunca quieren recordar su vida con remordimiento por lo que no hicieron. Quizá disfruten las cosas materiales, pero eso no es lo que los mueve; están más interesados en completar una misión o una visión. Esas son las características de una mentalidad que se desempeña al máximo, las características que Katy, a pesar de tener un increíble historial de éxito, tuvo que crear en su interior.

¿Qué es la mentalidad?

El término *mentalidad* es relativamente moderno. Poco visto en libros antes de mediados de la década de 1970, su uso ha aumentado más de mil veces desde entonces.[1] De manera similar, las apariciones de *mentalidad* en las búsquedas de Google se han incrementado diez veces desde 2004, sin duda debido al impulso recibido por la publicación del libro de Carol Dweck en 2006, *Mindset: The New Psychology of Success*.[2] Así que *mindset* (que podría interpretarse como *mentalidad* o *actitud*) ha pasado de ser un término oscuro a uno común en las últimas dos décadas; hoy en día todos escuchamos y hablamos con frecuencia de ella. Pero, ¿qué significa?

No hay una definición formal de *mindset* en el diccionario de la Asociación Americana de Psicología; no obstante, sí la hay para la palabra alemana *bewußtseinslage*, que indica "experiencias mentales o actividades que no se pueden analizar de inmediato en una cadena de asociaciones basadas en imágenes o sensaciones". Este término lo acuñó un grupo de psicólogos alemanes a inicios del siglo xx, quienes descubrieron que involucrarse intensamente en una tarea en particular activa los "procedimientos cognitivos" necesarios para completar la tarea. Llamaron a este fenómeno *bewußtseinslage* (traducción: estado de conciencia o lo que se logra cuando escuchas *The Dark Side of the Moon*, de Pink Floyd, en la noche, bajo las estrellas, con tus mejores audífonos). Ellos asociaron un mayor *bewußtseinslage* con un mejor desempeño, así que fueron los primeros psicólogos en postular que la forma en que uno aborda una tarea mentalmente —su mentalidad, para usar una expresión actual— activa los "procedimientos cognitivos" que conducen a mejores resultados.[3]

Más recientemente, los psicólogos que no podían pronunciar *bewußt-seinslage* (o no tenían *ß* en sus teclados) empezaron a usar el *mindset* y crearon descripciones con las que se podían identificar más que las de sus predecesores alemanes. La profesora de Stanford Carol Dweck define *mindset* como "un marco o lente mental que organiza y codifica información de manera selectiva, para orientar a un individuo hacia una forma única de comprender una experiencia y lo guía hacia las acciones y respuestas correspondientes". De acuerdo con Dweck, tener una mentalidad es necesario en nuestro mundo de información compleja y muchas veces contradictoria. Es un "sistema simplificador" que nos ayuda a organizar y darle sentido al mundo.[4]

Está bien, a lo mejor no es tan fácil identificarse con esa definición. Otra psicóloga de Stanford, Alia Crum, lo hizo un poco mejor cuando definió *mindset* como "suposiciones fundamentales que tenemos sobre dominios o categorías de cosas que nos orientan hacia un grupo particular de expectativas, explicaciones y metas [...]. Las mentalidades son formas de ver la realidad que moldean lo que esperamos, lo que comprendemos y lo que queremos hacer".[5]

O usemos mi definición: *mindset* es la forma en que uno ajusta su mente para enfrentar cada situación.

Sin importar la definición precisa, casi todos los psicólogos concuerdan en un punto: la mentalidad es poderosa. Sabemos, gracias a años de investigaciones médicas, que lo que la mente cree afecta directamente al cuerpo. Se llama efecto placebo: un resultado positivo que resulta de *creer* que se recibió un tratamiento beneficioso ya sea que haya sucedido o no. Por eso las investigaciones médicas siempre deben probar el desempeño de un fármaco o de un tratamiento junto con el desempeño de un fármaco o tratamiento falsos (el placebo). Es la única forma de asegurar que el efecto del tratamiento no esté meramente basado en la confianza que le tenga el paciente.

Vasta evidencia sugiere que el efecto placebo también se aplica en el desempeño. Un metaanálisis de doce estudios observó el efecto de dar placebos a los competidores en deportes desde ciclismo hasta halterofilia. A los atletas se les dijo que les habían dado un "apoyo ergogénico", palabras rimbombantes para referirse a una pastilla que te ayuda a mejorar tu desempeño (como los esteroides). En cada estudio, todos menos uno publicado después del año 2000, los atletas notaron un estímulo estadísticamente más significativo en su desempeño con el placebo. La mejoría llegaba hasta un rango de cincuenta por ciento, pero la mayoría variaba entre uno por ciento y cinco por ciento. Lo suficiente para hacer una diferencia en el último momento de una competencia.

El estudio dice que "la conclusión lógica para cualquier estudio en el que un atleta se desempeñe a un nivel más alto como resultado de recibir un tratamiento simulado es que hay un potencial psicológico desaprovechado en ese atleta. Cualesquiera que sean los mecanismos que sustentan los efectos placebo en el deporte, claramente incumbe a los científicos del deporte investigar más el potencial de los efectos placebo para mejorar el desempeño".[6] Si un placebo puede desbloquear por lo menos un cierto porcentaje de ventaja, entonces quizá las técnicas de desempeño mental también.

Las supersticiones, que abundan entre los atletas y otros ejecutantes, son una forma de placebo y tienen un efecto positivo similar. Un estudio, publicado en 2010, mostró que los competidores en una variedad de competencias (golf, memoria, rompecabezas) que usaron alguna forma de amuleto de la buena suerte (cruzar dedos, usar algún tipo de ropa de la suerte o joyería) se desempeñaron materialmente mejor que el grupo de control no supersticioso. Al analizarlo más a fondo, los psicólogos vieron que uno de los factores para mejorar el desempeño es la "persistencia en la tarea". La gente empoderada por una creencia supersticiosa se siente más confiada de que triunfará, así que, cuando enfrenta retos, persiste más. Si tienes tu moneda de la suerte, ¿por qué no intentarlo?[7]

Estos efectos placebo simplemente significan que lo que creemos afecta cómo nos desempeñamos. Si creemos haber ingerido una pastilla que nos hace desempeñarnos mejor, lo haremos mejor, sin importar que contenga la pastilla. Si creemos que un objeto de la suerte o decir algo nos ayudará a desempeñarnos mejor, así será. Estos trucos ayudan a canalizar ese potencial inutilizado, pero no tienen que ser trucos. La mentalidad es una elección.

La mayoría de la gente se despierta todos los días con la mentalidad que siempre ha tenido. Es la mentalidad que evolucionó de sus experiencias, medioambiente, personalidad, demografía, intelecto, crianza, genética y otros factores. No es una mentalidad que ellos hayan elegido ni moldeado intencionalmente; en cambio, es la que les otorgaron. La forma como la mayoría de la gente se mentaliza para enfrentar los altibajos de la vida no es deliberada, sino predeterminada. No es tan malo como intentar subir una montaña después de taparte los ojos y girar diez veces, pero tampoco dista mucho.

Varios de los ejecutantes que conozco empezaron con su mentalidad predeterminada y llegaron muy lejos con ella. Pero ninguno llegó a ser el mejor de todos de esa manera. Así como Katy, toparon metafóricamente con pared. En ese momento tomaron la decisión consciente de cambiar su mentalidad. Cómo hacerlo es de lo que se trata el resto del capítulo.

- Elige tu mentalidad.
- Practícala y mejórala.
- Aprende cómo ajustarla a partir de tu papel.

Hazlo bien, conviértelo en un hábito y será como tomar una de esas pastillas placebo cada día.

Elige tu mentalidad

Probablemente hayas escuchado del *pickleball*, un juego más o menos parecido al tenis, pero que se juega en una cancha más pequeña con una pelota de plástico y una raqueta grande de *ping-pong*. Inventado en 1965,[8] recientemente ha crecido en popularidad (algunos dicen que es el deporte que más rápido crece en el mundo) porque es divertido, fácil de aprender y prácticamente cualquiera puede jugar. Muchas personas lo tratan más como un evento social que como un deporte competitivo. Claro, cuentan los puntos, pero el objetivo real es platicar con la pareja del otro lado de la red.

Yo no. En lo que a *pickleball* se refiere, soy endemoniadamente competitivo. Mi esposa, Andrea, y yo solíamos jugar en pareja con frecuencia y yo siempre buscaba debilidades en mis oponentes y hacía lo mejor posible para explotarlas. Cuando estábamos cerca de ganar, yo jugaba todavía mejor. Por eso dije "solíamos": ahora ya casi nunca juega en pareja conmigo porque me vuelvo muy competitivo y me desvío de lo que la mayoría de los otros equipos busca, que es una tarde para divertirse y socializar.

Desarrollé estas características competitivas de joven, durante años de jugar tenis. Solía observar cómo abordaban mentalmente el juego los tipos más experimentados que me vencían e hice lo mejor que pude para emularlos. Ahora adopto esa mentalidad de manera automática cuando me paro en una cancha, sea de *pickle* o de otra cosa.[9]

Pero en mi papel como psicólogo clínico y del desempeño, escucho y soy empático. Quizá busque debilidades, pero con el propósito de ayudar a mi cliente, no de vencerlo. Soy persistente y tenaz, pero no competitivo, ganar no es el punto. Un papel distinto requiere una mentalidad distinta para tener éxito.

Se atribuye a la estrella de la NBA Stephen Curry la cita siguiente: "El éxito no es un accidente. El éxito en realidad es una decisión". A lo que yo añadiría, también la mentalidad. Luego diría, "Y sigue con esos tiros de tres, Steph", y él sonreiría y chocaríamos palmas. Puedes ir con tu mentalidad predeterminada o puedes elegir la mentalidad necesaria para ser el mejor. Para ello, primero necesitas saber a dónde vas. Piensa en los papeles que tienes en tu vida. Eres estudiante, empleado, emprendedor, director y líder. Eres padre, hermano, hijo o hija. Quizá seas pareja o esposo. Eres amigo. Eres miembro de comunidades, ya sea en un equipo, una compañía teatral, una escuela, una organización sin fines de lucro, un sindicato, un club. Tienes muchos papeles y la excelencia en cada uno de esos papeles requiere una cierta mentalidad.

Para escoger tu mentalidad, primero elige uno de tus papeles: en el que te desempeñes. Para la mayoría de nosotros, se trata de nuestro trabajo o nuestra profesión. Escribe las principales características que consideras necesarias para tener éxito. "*Para ser exitoso* _____, *necesito ser (más)* _____". Podrían tratarse de cosas que hayas observado de primera mano a partir de ver y hablar con otros, o al leer artículos, *blogs* o libros sobre aquellos que se desempeñan en tu campo. Por ejemplo, las características de la mentalidad de un maestro exitoso (paciente, estricto, buen oyente, imponente, empático, flexible, indulgente) son muy distintas de las de un abogado (severo, rudo, implacable, competitivo, pragmático, incesante, listo para explotar cualquier debilidad).

A medida que avances en el proceso y escribas esas características a las que aspiras para cada papel, podría recordarte el proceso de valores que abordamos en el capítulo anterior. Sin embargo, mientras que los valores

son intrínsecos, capturar y codificar las cosas que más nos importan en lo
más profundo, las características de la mentalidad son extrínsecas. ¿Cuáles
son las características de la personalidad que queremos, relevantes en cada
uno de nuestros papeles? En general, no queremos cambiar nuestros valores,
queremos comprenderlos. Pero las características de la mentalidad sí son
modificables. Si llegar a nuestro máximo potencial requiere una mentalidad diferente, podemos hacer que suceda.

Como mencioné antes, la mayoría de las personas que se desempeñan
al máximo y con quienes he trabajado comparte un conjunto de características comunes en su mentalidad. Se pueden integrar a las listas que vayas
a crear: no complaciente, siempre buscando una ventaja, humilde, tenaz,
el deseo de ser parte de algo más grande, impulsados por la misión, no la
ganancia material. Por encima de todo, poseen una "mentalidad de crecimiento". Éste es un término acuñado y popularizado por la doctora Carol
Dweck, que la define como:

> Las personas que creen que sus talentos se pueden desarrollar (a través
> de trabajo duro, buenas estrategias y las opiniones de otros) tienen una
> mentalidad de crecimiento. Aquellos que consideran que sus talentos son
> regalos innatos poseen una mentalidad más fija. La gente con mentalidad
> de crecimiento tiende a lograr más que quienes tienen mentalidades fijas
> porque se preocupan menos por verse inteligentes e invierten más energía
> en aprender.[10]

Todos nacemos curiosos, cableados para buscar retos y oportunidades
para aprender. Por eso los niños chiquitos se acercan a los extraños, los
perros y el helado con los ojos bien abiertos. Tiran cosas sólo para ver qué
sucede (¿no te parece divertido ese sonido?). Una gran cantidad de investigaciones lo sustentan, incluyendo estudios recientes que muestran que
los niños realizan tales "exploraciones" aun cuando comprenden el costo
potencial (es decir, el fracaso) que hay en juego.[11]

La mayoría de nosotros perdemos esa mentalidad de crecimiento natural conforme entramos a la pubertad y la edad adulta. Sin embargo, no
todos. En hallazgos que reverberan con padres ansiosos en todas partes,
la investigación de Dweck y su equipo muestra que los niños que reciben una proporción más elevada de "alabo por el proceso" de parte de sus

padres cuando son pequeños tendrán un mayor éxito académico durante varios años y ese éxito se derivará principalmente de su mentalidad de crecimiento. Si un padre alaba tu esfuerzo y tu manera de abordar algo ("¡Me encantó que lo siguieras intentando"), estás más configurado para el éxito que si alaban el resultado o a la persona ("Qué bonito dibujo, ¡eres un gran artista!"). ¿Por qué esta "alabanza del proceso" lleva al éxito? Porque les inculca a los niños la creencia de que la inteligencia y otras habilidades son maleables. Las pueden mejorar por medio del esfuerzo y el proceso. A su vez, esto les da más confianza para abordar retos, y los ayuda a construir esas habilidades. Es un ciclo virtuoso autocumplido. Si con los años has notado un cambio de discurso en el parque de juegos de tu colonia, ésa es la razón.[12]

Cuando la base de tu pensamiento (tu "teoría implícita") es que tus capacidades mentales están fijas, entonces así será. No aprenderás ni crecerás. Pero si tu teoría implícita es que tu intelecto y tu personalidad son dinámicos, entonces también así será. Los retos y los fracasos son un punto de partida para aprender más, para mejorar, para intentar otra vez.

Un apoyo complementario para una mentalidad de crecimiento es el concepto de determinación, popularizado por la profesora Angela Duckworth de la Universidad de Pensilvania en su libro de 2016, *Grit: The Power and Passion of Perseverance* (*Grit. El poder de la pasión y la perseverancia*). Mientras que la mentalidad de crecimiento es la creencia de que esa habilidad es maleable, no fija, la determinación (*grit*) es la tendencia a perseguir metas a largo plazo con dedicación constante. Duckworth lo separa en dos componentes principales, esfuerzo (perseverancia) y pasión (mantener el interés), ambos aplicados en un marco de tiempo a largo plazo. La determinación y el crecimiento son mentalidades distintas —uno puede tener determinación sin crecimiento, y viceversa—, pero también se refuerzan una a la otra.

Un estudio de 2020 que coescribió Duckworth encontró que "los adolescentes que creen que la capacidad intelectual es maleable (mentalidad de crecimiento) subsecuentemente trabajan con mayor decisión para alcanzar las metas difíciles, incluso después de tener en cuenta sus creencias previas. A un grado todavía mayor, lo contrario también fue cierto: una determinación de nivel más alto predecía subsecuentes incrementos en orden de jerarquía en la mentalidad de crecimiento". Si tienes

determinación, es más probable que desarrolles una mentalidad de crecimiento, y viceversa.[13]

Hay otras maneras poderosas de describir la mentalidad además de
"crecimiento". Optimismo es una importante. A menudo se le relaciona con
el crecimiento (es muy difícil ser pesimista y conservar una mentalidad de
crecimiento) y también con la autorrealización. Es mucho más probable que
la gente adopte retos y persista en su esfuerzo hacia una meta si cree que es
probable tener éxito. La mentalidad del guerrero es algo que también escucho mucho. Hace referencia, entre otras cosas, a la tenacidad y el compromiso de completar una tarea, sin importar qué tan retadora sea. La ambición
es otra característica a considerar, ya que las investigaciones muestran que
está directamente correlacionada con el éxito (¡la felicidad podría ser otra
historia!).

Un último punto sobre elegir los rasgos de tu mentalidad: ten en mente el equilibrio. Los adjetivos que eliges (¡tenaz! ¡optimista!) para describirte seguramente serán positivos; todavía no conozco a nadie que aspire
a ser perezoso y corrupto. No obstante, sí puede haber demasiado de algo
bueno. El optimismo es genial, pero si recurres demasiado a él, te vuelves conformista: "No necesito trabajar en esto, ¡todo saldrá genial!". Adam
Grant y Barry Schwartz describen este efecto llamado "U invertida" como
cuando "los fenómenos positivos alcanzan puntos de inflexión en los que
sus efectos se vuelven negativos". Citan al filósofo griego Aristóteles, quien
postuló que para alcanzar la felicidad y el éxito, "la gente debía cultivar vir-
tudes en la media o en niveles intermedios entre deficiencias y excesos".[14]
(En lugar de la "media de oro" de Aristóteles, pudieron haber elegido a
Ricitos de Oro y su mantra "en su punto", pero Aristóteles es mucho más
intelectual.)

Por eso necesitas tener una mentalidad con atributos en equilibrio. La
confianza se equilibra con humildad. El trabajo duro se equilibra con...
equilibrio, dándote tiempo para relajarte y recargar pilas. La autoeficacia
(la creencia en la capacidad personal de hacer las cosas) se equilibra con un
deseo de constante mejora. Al elegir adjetivos para describir tu mentalidad
aspiracional, ten estos balances en mente.

Quédate en el círculo

Ahora ya tienes un conjunto de magníficas características para describir la mentalidad que deseas. Pero, ¿y qué? Ésas son sólo palabras en una página o en una pantalla. Tal vez queramos estar orientados hacia el crecimiento y los retos, ser ambiciosos, tenaces, humildes, patear traseros. La parte difícil es cómo llegar ahí. Muy pocas personas están bendecidas por naturaleza con la mentalidad ideal para su campo. A todos nos encantaría crecer a la manera Dweckiana y tener una determinación duckwortiana, pero la mayoría de nosotros tenemos mucho de Charlie Brown también. ¿Cómo *practicas* la mentalidad que elegiste? ¿Cómo la vuelves parte de tu vida cotidiana?

Mi respuesta: los aspectos controlables. Entre todas las personas que se desempeñan de manera excelente, con quienes he trabajado o entrevistado, quienes están en la cima hablan de controlar lo que pueden controlar y no se preocupan por lo demás. Es una habilidad difícil de dominar pero, en mi experiencia, es a través de los controlables que uno puede evolucionar mejor hacia una mentalidad y practicarla.

Los aspectos controlables son sencillamente las cosas que están bajo tu control. No puedes controlar si llueve o no; puedes controlar si tienes un paraguas. Hay actitud: la forma como piensas sobre una cosa o una persona. Hay esfuerzo: qué tan duro trabajas. Y hay comportamiento: las acciones que realizas. Nada más, eso es todo lo que puedes controlar: tu actitud, tu esfuerzo y tu comportamiento. El resto, ignóralo. Como dijo el gran filósofo griego Epicteto, "Sólo hay un camino hacia la felicidad, y es dejar de preocuparnos por las cosas que se encuentran más allá del poder de nuestra voluntad". O si prefieres a tus filósofos más jóvenes y más sabios, escucha a Linus de *Snoopy* cuando dice "aprender a ignorar cosas es uno de los grandes caminos hacia la paz interior".

Yo me debato conmigo mismo pensando si un aspecto controlable es un atributo de mentalidad o una estructura para dar vida a esa mentalidad. Mi conclusión es que no importa; es semántica. Lo que sí importa es el mantra "actitud, esfuerzo *y* comportamiento". Para vivir tu mentalidad necesitas activarla a través de esos tres aspectos controlables de manera simultánea; dos o uno de tres no será suficiente. Por ejemplo, digamos que uno de los rasgos que elegiste para tu mentalidad es la tenacidad. ¡Grandioso! ¿Ahora qué? Bueno, supón que enfrentas una situación difícil. ¿Cómo vas a actuar? Tu actitud será permanecer positivo y seguir intentando hasta que te salga bien; eres tenaz, ¿recuerdas? Tu esfuerzo será grande porque la gente tenaz trabaja más duro de cara al fracaso. Por último, tu comportamiento será intentar diferentes estrategias y tácticas porque la gente tenaz no sólo sigue haciendo lo mismo una y otra vez; se adapta. Ahora ya tomaste esa palabra de la página, *tenacidad*, y le diste vida a través de la actitud, el esfuerzo y el comportamiento. Es una buena palabra, se ve bien en un currículo. La actitud, el esfuerzo y el comportamiento, sin embargo, permiten hacer las cosas.

Quienes se desempeñan al máximo se han vuelto muy buenos en lidiar con los aspectos controlables e ignorar el resto, pero eso puede ser un reto en sí mismo. Ayuda tener un mantra, así que yo recomiendo a mis clientes que "se queden en el círculo". ¿Qué hay en el círculo? Actitud, esfuerzo y comportamiento: lo que está bajo tu control. Cuando mis clientes se empiezan a preocupar por esas cosas —lo que dicen, piensan o hacen los demás, o cuáles podrían ser las condiciones—, siempre les recuerdo que se queden en el círculo. Pronto se lo empiezan a decir a sí mismos.

Para muchos ejecutantes, las cosas que se encuentran fuera del círculo incluyen en su mayoría cosas mundanas, como malas condiciones climáticas, reseñas negativas y comentarios, y una fuerte competencia. Pero también puede tratarse de cuestiones más profundas, como una mala situación económica o familiar. Pueden ser aspectos incontrolables, pero también son prácticamente imposibles de ignorar. No obstante, los buenos resultados recaen en limitar tus pensamientos a exclusivamente lo controlable e ignorar lo demás, por lo menos por un tiempo. Mantras como "quédate en el círculo" son útiles, pues son un recordatorio para redireccionar y enfocar la atención en la actitud, el esfuerzo y el comportamiento, lejos de circunstancias externas y los abrumadores retos que tal vez conlleven.

Practica la actitud

Dave Wurtzel trabajó casi dos décadas como bombero antes de enfocarse en su asociación sin fines de lucro The First Twenty (los primeros veinte), la cual crea y entrega programas holísticos de acondicionamiento y desempeño para bomberos y rescatistas por todo el país. (Yo conocí a Dave cuando me contactó después de escucharme en un podcast.)

Además de dedicarse a apagar fuegos, Dave había sido dos veces campeón en el mundial del Desafío de Combate para Bomberos. El Desafío de Combate para Bomberos (ahora llamado Desafío de Bomberos) empezó en 1974 como un proyecto de investigación para establecer estándares de condición física para los bomberos. Los investigadores desarrollaron una serie de cinco tareas comunes o cruciales para los bomberos: cargar la manguera enrollada, subir la manguera, forzar la entrada, avanzar con la manguera y rescatar víctimas. Los participantes, elegidos entre varios departamentos de bomberos, se equipaban y corrían a contrarreloj a través de las pruebas, ejecutando una tarea tras otra. Cuando se analizaron los resultados, quedó claro que la condición física estaba directamente correlacionada con un alto desempeño.

Uno de los principales investigadores, el doctor Paul Davis, notó que los participantes del estudio eran bastante competitivos al recorrer las pruebas. Tomó tiempo, pero en 1991, el doctor Davis organizó el primer Desafío de Combate de Bomberos con la participación de los departamentos de todo Washington, D.C. Un par de años después, ESPN empezó a transmitir los eventos, etiquetándolos como "los dos minutos más rudos en deportes", ya que completar el circuito de obstáculos con las cinco pruebas por lo general toma alrededor de dos minutos. Para competidores de élite, no para ti ni para mí.

Dave Wurtzel fue parte del equipo de relevos ganador en la división de mayores de cincuenta en los mundiales del Desafío de Combate de Bomberos en 2017 y 2018. Así que desbordaba confianza cuando sus compañeros y él llegaron a la final en 2019, en Montgomery, Alabama. "Fuimos a practicar unas cuantas veces y nos sentíamos tan seguros, ¡podemos hacerlo!", recuerda. "Salí de la primera carrera y los estaba acabando. Después me caí. Estaba corriendo por la sección de *slalom*, cuando me tropecé y caí".

En ese momento empezó el diálogo interno negativo. "Mi mente se empezó a enfocar en esa única cosa, la caída. Era en todo lo que podía pensar. Estábamos hospedados en un hotel del otro lado de la calle del circuito y me despertaba a las cuatro de la mañana, miraba por la ventana al circuito, al lugar donde me había caído, y sólo podía pensar en el fracaso.

Había recorrido ese circuito cien veces con éxito, pero sólo pensaba en esa única vez que fallé.

"Mi cerebro estaba acabando conmigo. Intentaba decirme a mí mismo que necesitaba actuar, pero mi cerebro respondía, *Sí, pero te caíste*. Necesito actuar. *Sí, pero te caíste*. Era como tener una discusión conmigo mismo". Dave ganó esa discusión. Le tomó un poco de trabajo enfocarse, pero gradualmente reemplazó ese diálogo interno negativo con uno positivo. Se dijo a sí mismo que correría el circuito y lo haría bien, y funcionó. Su equipo entró en segundo lugar y no se cayó de nuevo.

Ya sabemos que las palabras influyen en la mentalidad. Los padres que alaban el esfuerzo engendran una mentalidad de crecimiento en sus hijos; los compañeros que se burlan de los fracasos conducen a uno fijo. Lo mismo es cierto sobre el diálogo interno, esa voz interior que les da palabras a las sensaciones y las percepciones. El diálogo interno es la forma en que nuestro sistema de creencias nos habla y nuestro sistema de creencias controla cómo reaccionamos y respondemos a casi todas las situaciones. Esto puede ser bueno o malo. Si tu diálogo interno es positivo (*ya ganarás la próxima vez*), es probable que la consecuencia resultante de una experiencia negativa sea mejor que si tu diálogo interno es negativo (*hombre, apestas*). Después de caerse en esa carrera de práctica, Dave Wurtzel se encontró estancado en este último caso. Tuvo que hacerse cargo de esa voz interna y redirigirla hacia lo positivo (*puedes hacerlo*) para tener éxito.

La mejor forma de practicar el primer aspecto controlable —la actitud— es regular tu diálogo interno. Conforme transcurre tu día y encuentras diversos retos (la conversación que no se da como habías esperado, la oportunidad perdida de contar ese elocuente chiste, los pequeños errores de la vida), observa qué te dices a ti mismo sobre ti mismo. Filtra el parloteo sobre los demás (*¡Ese idiota se metió a la fila!*) y percibe el parloteo sobre ti mismo (*¿Cómo pude haberlo permitido? Típico de mí, ser demasiado buena gente*). Cuando te hablas, ¿eres un crítico o un entrenador?

Luego, practica cambiar. Cuando notes que te dices algo a ti mismo que refleja la actitud que quieres mejorar, oblígate a parar. Pero no dejes que esa voz interna se calle; en cambio, dale un nuevo mantra que repetir. Cambia la discusión con esa voz interna (*¡Tú puedes! No, no puedes y te vas a ver como un estúpido cuando fracases*) a una reafirmación (*Tú puedes, ¡y qué divertido será cuando lo logres!*). Quizá suene trillado, y del nivel de trillado de un póster cargado de clichés con un águila calva sobrevolando un escarpado pico alpino, pero sí funciona. Te sorprendería cuántos ejecutantes de alto nivel se repiten estas afirmaciones positivas cuando salen a un campo, al escenario o a una sala de juntas para desempeñar su labor. La mayoría está llenando su mente de manera consciente con un diálogo interno positivo. "Estás listo, eres bueno, estás preparado, estás relajado, puedes hacerlo. Y, maldita sea, le caes bien a la gente". (Está bien, a lo mejor no esto último, a menos de que se trate del personaje Stuart Smalley interpretado por Al Franken en *Saturday Night Live* a inicios de la década de 1990.)

Muchos artículos de investigación han validado los beneficios del diálogo interno en el desempeño. Por ejemplo, un metaestudio de 2011 revisó 47 estudios diferentes para evaluar el efecto del diálogo interno en el desempeño atlético. La conclusión científica: funciona.[15] Otra investigación señala cómo el lenguaje importa. Por ejemplo, un artículo de 2016 resume numerosos estudios que muestran cómo las personas que reflexionan sobre su diálogo interno negativo muchas veces tratan de analizar el porqué de sus reacciones, lo que, desafortunadamente, puede llevar a más diálogo interno negativo.[16] Cavilar deteriora el desempeño, pues la autorreflexión por lo general ocurre desde una perspectiva "psicológicamente inmersiva" que dificulta abordar el tema con objetividad o sin emoción. La solución es el autodistanciamiento, abordar la situación como lo haría un buen amigo o un familiar. Lo confirmó un estudio de 2019, el cual mostró que los ciclistas competitivos se desempeñaban mejor cuando empleaban un diálogo interno en segunda persona (*Eres un gran ciclista*) en lugar de la primera persona (*Soy un gran ciclista*).[17]

El corolario del diálogo interno es simplemente hablar, como cuando entablas conversaciones con los demás. Practicar una actitud positiva requiere alinear tu diálogo interno y tu habla externa con las características positivas de la mentalidad que deseas adoptar. Mientras percibes tu diálogo interno, pon atención también a lo que les dices a otros. Los Seals tienen un dicho, "La calma es contagiosa". Mi corolario: la emoción es contagiosa. Lo que les expresas a los demás, sea positivo o negativo, puede cambiar su mentalidad y reforzar la tuya. Así como con el diálogo interno, si notas que usas un lenguaje negativo para describirles a otros ciertas situaciones, practica cambiarlo a uno positivo.

Practica el esfuerzo

Ser parte de la organización de Miami Heat no es para cualquiera. En caso de que haya alguna duda al respecto, Erik Spoelstra suele usar una camiseta en la oficina y en los entrenamientos que dice NO ES PARA TODOS. No se trata de ser arrogante, explica Erik. "Nuestros valores fundamentales son que queremos trabajar más duro que cualquiera, tener la mejor condición y el equipo más profesional. Todos los días luchamos por ser mejores. Esperamos que todos se unan a la rutina, como ir al cuarto de pesas y revisar tu peso y tu grasa corporal cada semana. Hablar con el nutricionista. Eso aleja a algunos jugadores; no quieren esa responsabilidad".

¿Qué tan seguido meditas sobre tu desempeño y piensas que lo hubieras podido hacer mejor si tan sólo hubieras trabajado —estudiado, practicado, repetido, enfocado— con más empeño? Si eres como la mayoría de las personas con quienes he trabajado, incluyendo a quienes se desempeñan en altos niveles, la respuesta es muy seguido. Y casi siempre es cierto: esfuérzate más y mejorarás y tendrás más éxito.

El esfuerzo es quizás el aspecto más sencillo y más difícil de la práctica de la mentalidad. Es fácil porque tú sabes qué se necesita hacer: más práctica, más estudio, más ejercicio, más tiempo. Es difícil porque es más trabajo. Para algunas personas (y muchos en su desempeño máximo) el trabajo arduo es innato. Lo siguen haciendo de manera natural; no se tienen que obligar a hacerlo. Pero la mayoría de nosotros somos lo que me gusta llamar "humanos": tenemos un límite. Cuando llegamos a ese momento del día, en el que podemos pasar una hora practicando lo que nos importa o pudrir nuestro cerebro viendo videos virales o *reality shows*, muchas veces optamos por los videos. Ya practicaremos mañana. Sufrimos de (o nos beneficiamos de, dependiendo de si estás sentado cómodamente en tu sillón o no) una brecha entre nuestra intención y nuestro comportamiento. Tenemos la intención de hacer algo, pero no lo hacemos.

Cuando llegues a esa encrucijada entre trabajar y relajarte, elige la primera opción. Sé consciente de que la brecha entre la intención y el comportamiento se abre ante ti, y elige cerrarla. Elige el esfuerzo. No todas las veces —ése es el camino hacia el desgaste— pero en más ocasiones de las que lo estás haciendo ahora. Ayuda si sumas puntos, porque no vas a brincar de estar pegado al sillón a ser un adicto al trabajo en un glorioso salto.

Observa esos momentos en el día cuando tienes una opción de cómo pasar tu siguiente hora, luego observa las decisiones que tomas sobre cómo emplear ese tiempo. ¿Cuál es tu "coeficiente de esfuerzo" (CE)? Descubre cuál es esta nueva versión de CE y luego dedícate a mejorarla. No necesitas llegar a cien por ciento, sólo un poco mejor hoy de lo que era ayer. (Comentaré sobre cómo asegurarte de emplear bien ese tiempo en el próximo capítulo.)

Controlar el esfuerzo no se trata sólo de invertir más tiempo; se trata de cómo invertir ese tiempo. Recuerda nuestro capítulo de las metas, donde Carli Lloyd nos contó de sus listas. Es una buena forma de sacar el mayor provecho a nuestro esfuerzo invertido. Parte del esfuerzo es tener un plan para nuestra manera de usar ese tiempo.

Erik Spoelstra se vuelve todo un abogado para cubrir esa brecha. Antes de cada temporada, les pide a sus jugadores y entrenadores que firmen convenios por escrito comprometiéndose a hacer el trabajo. "Tienen que comprometerse con una mentalidad de crecimiento", dice. "Tienen que comprometerse al sacrificio y al esfuerzo. Para ser parte de algo especial y más grande que uno mismo, debe haber una intención y una comprensión de lo que significa el sacrificio".

Practica el comportamiento

El tercer aspecto controlable es el comportamiento: las decisiones que tomamos y los actos que realizamos reflejan nuestra mentalidad. La mentalidad influye directamente en el comportamiento, pero lo contrario también es cierto. Por ejemplo, la mayoría de los jugadores de beisbol ahora tienen "canciones de entrada", un clip que se escucha en las bocinas de los estadios cuando al jugador le toca su turno al bat. Esto inició con una organista de los Chicago White Sox llamada Nancy Faust en 1970, que empezó a tocar distintas melodías para distintos jugadores. La práctica se extendió después de la película *Ligas mayores* de 1989, que presentaba a Ricky "Wild Thing" Vaughn, interpretado por Charlie Sheen, entrando a un juego reñido en la novena entrada, con el estadio entero cantando la canción "Wild Thing".

La canción de entrada es un ejemplo público de una práctica en el desempeño que ha existido desde los inicios de la música grabada: tocar cierta canción te prepara para un gran momento. Todos tenemos esa canción que nos inspira y nos mentaliza antes de un examen importante, una entrevista o una cita. De lo que quizá no se dan cuenta todas esas personas que *rockean* con una canción que los prende y que sale de sus audífonos es que están codificando su rutina predesempeño.

Estas rutinas para antes del desempeño son comunes en el mundo de los deportes. El entrenador de basquetbol colegial John Wooden, quien ganó diez títulos NCAA en la Universidad de California, Los Ángeles, en las décadas de 1960 y 1970, les enseñó a sus jugadores a ponerse los calcetines y atar sus tenis exactamente de la misma manera antes de cada partido. No tenía que ver con el calzado, sino con la rutina. Al realizar puntualmente la misma rutina antes de cada juego, le estás diciendo a tu mente y a tu cuerpo que se preparen, que ya casi es hora. Es muy probable que tú lo hagas sin siquiera darte cuenta: esa taza de café que *tienes que tomar* en la mañana es tan parte de la rutina como la cafeína (ahora mismo, muchos lectores están negando con la cabeza diciendo ¡es la cafeína!). Es una señal para tu mente y tu cuerpo de que el desempeño del día está por comenzar.[18]

Una forma de practicar la mentalidad es crear una rutina que prepare tu mente para adoptar esa mentalidad en particular (o escribe la que ya tengas). No tiene que ser música; podría ser ropa, accesorios, comida, un mantra o un momento o minuto de meditación. Luego, practica cada detalle de la rutina, procura hacer todo bien. Si varías o se te olvida la rutina, es más probable que te instales en tu mentalidad predeterminada en lugar de la que deseas tener.

Crea hábitos que personifiquen tu mentalidad elegida. Piensa en esa mentalidad, observa a personas que la exhiban y practica las cosas que hacen para ayudarse a vivirla. Digamos que, en tu papel como padre, quieres adoptar una mentalidad de escuchar más y hablar menos. Uno de los hábitos que podrías adoptar para practicar esta mentalidad podría ser dejar muy lejos tu teléfono cuando estés con tus hijos. Reflexiona sobre lo que te dicen en lugar de responder al instante.

La forma como te expresas, tanto internamente como con otros, es una práctica poderosa de la mentalidad. Pon atención y evita usar lenguaje que no represente la mentalidad que escogiste. Desarrolla y usa un mantra que incline tu mente hacia la dirección correcta, como el de Katy Stanfill, "¿Qué puedo aprender de esto?". Aun más, asegúrate de que el lenguaje que utilices con otros esté en sintonía con lo que te dices a ti mismo. Los desajustes se dan cuando una persona les dice a sus colegas cosas positivas (*sí podemos, ya lo tenemos*) mientras que su diálogo interno no muestra esa seguridad. Haz el hábito de escuchar las cosas positivas que les dices a otros y usa el mismo lenguaje para ti.

Otra manera de materializar tu mentalidad es buscar gente que posea una similar. Muchas veces veo ejecutantes que practican con éxito una mentalidad ligada a su desempeño máximo mientras se encuentran en el espacio donde se desempeñan, pero luego cambian de mentalidad cuando pasan tiempo en un ecosistema distinto. Es probable que tu nivel de juego se eleve cuando estés con otros ejecutantes como tú, pero descienda cuando estás con gente que tiene una visión distinta. Eso también te puede hundir. Mis padres solían decir, "Dime con quién andas y te diré quién eres". Yo añadiría a eso: "Dime cuál es su mentalidad y te diré cuál es la tuya".

Practica el fracaso

El fracaso es un excelente maestro. Pregúntale a Nathan Chen, cuyo fracaso en las Olimpiadas de Invierno de 2018 lo ayudó a llevar su desempeño mental (y subsecuentemente su desempeño competitivo) al siguiente nivel. Pregúntale a Katy Stanfill o a Dave Wurtzel, quienes aprendieron a canalizar sus fracasos para construir mentalidades más positivas y exitosas.

O pregúntale a Carli Lloyd, una de las mejores jugadoras de futbol de la Unión Americana. La final de la Copa Mundial femenil de 2011 se jugó entre Estados Unidos y Japón en Fráncfort, Alemania. El partido terminó en un empate 2-2, lo que significaba que el ganador de la Copa Mundial se decidiría en penales. En la primera ronda, Shannon Boxx, mediocampista de Estados Unidos, falló su penal, mientras que Aya Miyama, delantera japonesa, metió el suyo. Después seguía Carli.

"Cuando acomodé el balón, empecé a dudar cómo quería lanzar el penal, iba hacia delante y hacia atrás en mi mente, me preguntaba si debería repetir el lado y el paso de mi última patada [que había hecho en el partido anterior contra Brasil]. ¿O debería cambiar mi posición? Me dije a mi misma, sólo pégale con buen paso. Luego me adelanté, pateé el balón y fallé. Salió muy por encima de la portería. Perdimos los penales. Estaba devastada. Sentía que había defraudado a mis compañeras y a mi país. Me sentí enojada durante mucho tiempo después de eso".

Cuando se le pasó el enojo, decidió (actitud) que nunca iba a volver a fallar un penal en la Copa Mundial. Refinó su técnica (comportamiento) y practicó una y otra vez (esfuerzo) hasta que se volvió completamente automático. Para cuando llegó la Copa de 2015, Carli estaba lista. En un partido de eliminatorias contra Colombia, metió un penalti: el balón entró a la izquierda de la portería, y después, todavía más presionada, metió otro en la semifinal contra Alemania. Cuando llegó el momento de patear el penal contra Alemania, Carli acomodó el balón en su lugar. "Después del partido contra Colombia decidí que, si tenía que tirar otro penal, lo haría del mismo lado", dice. "Había mucha conmoción atrás de mí, pero puedes ver en el video lo enfocada que estaba. Nada a mi alrededor entró en mi espacio mental. Me acerqué, fui por el mismo lado y metí el balón en el fondo de la red". Estados Unidos ganó el partido, avanzó a la final y ganó la Copa Mundial. "Cualquiera puede tirar un penal", me dice Carli. "No es tan difícil. La cuestión es lo que le dices a tu mente. Si tu mente duda siquiera uno o dos por ciento, te va a descontrolar. Yo no estaba preparada en 2011, pero en 2015 sí lo estaba".

El éxito es un mal maestro; el fracaso es un gran maestro. Puedes dibujar una línea recta desde el fracaso de Carli en 2011 hasta su éxito en 2015. Del mismo modo con Nathan, Katy, Dave y prácticamente todas las personas con quienes he trabajado que se desempeñan al máximo, todos fallaron y aprendieron de esos fracasos para mejorar.

El problema es que fallar no es nada divertido. Hay una razón por la cual se llama zona de confort: ¡es confortable! Y segura: nadie te va a desollar por equivocarte cuando te quedas en tu zona de confort. Esto es exactamente lo que desea tu cerebro primitivo. Es un producto de los ancestros que sobrevivieron numerosas calamidades que ponían en peligro su vida, así que estar cómodo y seguro es justo lo que les recetó el doctor.

La zona de confort es el motivo de que Dave Wurtzel, futuro bombero de Filadelfia y campeón mundial de Combate de Bomberos, no saliera con su equipo de basquetbol de secundaria. "Me puse nervioso cuando salí del vestidor, así que nunca llegué a la cancha. Nunca lo intenté. Le dije a mi papá que me habían eliminado, y él no entendía cómo había podido pasar eso el primer día de entrenamiento". Aparentemente, Dave no aprendió su lección, pues varios años más tarde, cuando estudiaba en la Universidad Estatal de Pensilvania, de nuevo se quedó en su zona de confort. "Había una chica que me gustaba desde casi el principio del primer año. Cuando estábamos a punto de graduarnos, la vi en un evento y finalmente me armé de valor para decirle lo hermosa que era. Ella me contestó, '¡Ojalá me lo hubieras dicho hace cuatro años!'. ¡Luego se volteó y se fue!".

Dave está felizmente casado y tiene hijos ahora, así que cuenta esta historia con una sonrisa y sin remordimientos (bueno, quizá con un poco de remordimiento). "Nunca salí al ruedo. Me daba miedo la presión, no quería fallar. Es como esa cita de [Wayne] Gretzky, fallas cien por ciento de los goles que no tiras. Yo no tiré".

La mayoría de la gente no tira el gol. Algunos se arrepienten y otros ni siquiera piensan en ello, resguardados como están en su zona de confort. Desafortunadamente, permanecer cómodos es la peor forma de practicar la mentalidad. El fracaso nos enseña y engendra éxito, y cómo lo manejamos es una característica definitoria de nuestra mentalidad. Esto quiere decir que, para aprender excelencia, necesitas practicar el fracaso. Toma más riesgos deliberadamente, deja esa zona de confort atrás.

¿Hay alguien que te gusta y te hace sentir ese hormigueo que no tiene que ver con la amistad? Háblale. ¿Se te presenta una nueva oportunidad? Di que sí. ¿Piden voluntarios para algo? Levanta la mano. ¿Viste un volante de una clase interesante o un club? Inscríbete. ¿Te convences de no hacer las cosas? Convéncete de lo contrario. Los ejecutantes se dan el lujo de tener muchas oportunidades para fracasar, así que reciben amplias oportunidades para aprender. Pero para muchos de nosotros, los retos relacionados con nuestro desempeño son más escasos, así que tenemos menos oportunidades de fracasar y aprender.

Empieza en ambientes con menor riesgo. Aprende un juego nuevo, un deporte o un pasatiempo, y pasa suficiente tiempo fallando en él. Quieres rendirte, ¿cierto? ¡No lo hagas! ¿Esa música que tus hijos escuchan y no puedes soportar? ¡Una buena oportunidad para practicar! ¡Baila hip-hop! O prueba algún tipo de comida que nunca hayas comido antes y normalmente ni siquiera probarías. Luego, si la odias (fracaso), toma tiempo para aprender de la experiencia, quizás apreciar partes de ella (actitud) y ver si puedes cambiar tu mentalidad y probar otra vez (esfuerzo). Tal vez la escupas (¡comportamiento!), pero al menos la probaste.

Cuanto más fracases, más podrás practicar cómo respondes al fracaso. Como dice el Seal retirado Marcus Luttrel, "Si no sales y tratas de buscar estrés, vendrá a buscarte a ti. La vida te encuentra. Si no estás preparado para algo así, te aplastará. Los primeros tres años del entrenamiento Seal sentía que estaba fallando en todo, pero no me lo tomé personal. Tu actitud tiene que ser de 'se acaba en el momento que sucede'. Tu actitud tiene que ser 'Puedo con esto'. ¡No voy a fallar dos veces!". Falla lo suficiente y aprenderás que el fracaso lleva al éxito.

Practicar deliberadamente el fracaso no sólo ayuda a desarrollar una mentalidad de crecimiento; también puede encender la creatividad. Ben Potvin es un exgimnasta canadiense que aprovechó sus habilidades atléticas en una carrera como gimnasta, entrenador y director creativo de Cirque du Soleil, la increíble compañía de espectáculos. Él ve el fracaso como "una dulcería que dispara la imaginación y la creatividad". Conocí a Ben en 2015. Trabajamos juntos en muchos campamentos de desempeño bajo presión para atletas de élite. Andy Walshe reclutó a Ben, a mí y a muchos otros tipos de instructores para diseñar retos físicos, emocionales y psicológicos que pudieran experimentar esos atletas de élite y ejecutivos de empresas en los campamentos.

Dada la historia de Ben, primero como acróbata y luego como entrenador y director creativo en miles de espectáculos de Cirque du Soleil, se convirtió en uno de los mejores del mundo para ayudar a otros a ir más allá de lo que consideraban sus límites humanos. Si alguna vez has ido a una función de Cirque, has sido testigo de repetidas maniobras físicas y creativas que probablemente te hicieron sacudir la cabeza con incredulidad y asombro. Ben cree que esos movimientos se originaron desde un punto de incomodidad. La incomodidad incremental crea espacio para el crecimiento. Él habla sobre la relación entre el equilibrio y el desequilibrio (lo que yo llamo confort e incomodidad) como algo crucial para la creatividad. "Si quieres crecer creativamente, no puedes estar en equilibrio. Necesitas salir de tu equilibrio para encontrar algo creativo novedoso. Rétate a ti mismo. Oblígate a explorar algo nuevo. Prueba y oblígate a que te guste o a que no te guste. Enciende una chispa, luego encuentra lo que te gusta y hazlo cada vez mejor".

Jimmy Lindell pasó casi todos sus años en los Navy Seals como francotirador. Estuvo involucrado en muchos combates, como ser parte del equipo que liberó al capitán mercante Richard Phillips después de que lo secuestraran piratas somalíes que tomaron a la fuerza su barco carguero, el *Maersk Alabama*, en abril de 2009. (La película *Capitán Phillips*, de 2013, está basada en este evento.) Antes de unirse a los Seals, Jimmy dirigía un exitoso negocio de alfombras y pisos, pero dio un gran paso fuera de esa zona de confort cuando vendió la compañía para perseguir una carrera en la Marina.

Sin embargo, ésta no es una anécdota sobre disparar ni encarpetar ni los rigores del entrenamiento de BUD/S. Es una anécdota sobre desafiar la zona de confort. "Intento entrenar mi zona de confort todo el tiempo. Cuando era Seal practicaba disparar de zurdo", me cuenta Jimmy, que es diestro. "Incluso hoy no puedo simplemente sentarme y estar relajado como tal vez debería hacer un hombre de mi edad. No me puedo quedar cómodo, no quiero". ¿Cómo sale de su zona de confort el exlíder de un equipo Seal? Canta.

"El otro día, estaba manejando y empezó a sonar una canción de Styx", dice Jimmy. (Styx es una banda de rock de las décadas de 1970 y 1980.) "Yo no canto nada, pero quería tratar de cantar esa canción. Así que me orillé y le puse toda mi atención. Incluso lo grabé con mi teléfono. Canté tan mal, que era hilarante. Se lo mostré a mi esposa y se rio muy fuerte". Así de fácil puede ser salir de tu zona de confort. Pon Styx (recomiendo su balada "Come Sail Away", adecuada para un excomandante de la Armada), graba un video de ti cantando a todo pulmón y muéstraselo a alguien que ames.

No grites porque se cayó la leche

En 2010 era psicólogo en jefe de los equipos Seals de la costa oeste de Estados Unidos (equipos 1, 3, 5 y 7). Una mañana, un jefe de francotiradores Seal vino a tocar a mi puerta. (Jefe es el tercer grado superior más alto en la Armada, justo abajo de jefe senior y jefe maestro. Los jefes son cruciales para el éxito de las misiones; muchos dirían que dirigen la Armada.) Acababa de regresar hacía una semana de una misión de seis meses altamente "cinética" (es decir, muchos enfrentamientos con enemigos) y se había encontrado con problemas en casa. Su hijo de tres años tiraba su vaso de leche en la mesa. ¡El niño no lo hacía a propósito! No obstante, para la cuarta o quinta vez que sucedió, el francotirador Seal se levantó de la mesa y le gritó a su hijo, "¡Deja de tirar la leche!". El niño, muerto de miedo, empezó a llorar. La madre del niño le ordenó a su marido, este hombre contrito en mi puerta, que me fuera a ver a primera hora de la mañana.

Cuando un jefe Seal está en una misión, espera perfección, tanto de sí mismo como de su equipo. Exige responsabilidad, vigilancia y una completa atención a los detalles. Cualquier cosa menos que eso es un fallo potencialmente peligroso. Cuando el padre de un niño de tres años se sienta a cenar, quizás en su fuero interno desee perfección, pero eso no va a ocurrir. La leche se cae, los chícharos acaban en la nariz, el espagueti en el suelo; el plato como un lugar para contener la comida es meramente un concepto. Por fortuna, estas transgresiones son caóticas, pero no peligrosas. Sin embargo, aplicar la mentalidad del jefe de francotiradores a la situación del papá de un niño pequeño conduce a gritos y llantos y visitas matutinas al doctor Potterat. Las características y las expectativas que son efectivas en un papel no son efectivas en el otro.

Recientemente empecé a trabajar con una ejecutiva de *marketing* de una conocida marca de ropa. Hacía malabares con papeles con los que muchos lectores se sentirán familiarizados: líder de un equipo extenso en su empresa, madre de dos hijos, esposa durante quince años y miembro entusiasta de un grupo activo de golf. En su trabajo de *marketing*, su mente sólo giraba en torno a cómo la gente percibía las marcas de la compañía y qué podían hacer su equipo y ella para mejorar esa percepción. Luego se iba a casa y aplicaba la misma mentalidad con su familia y sus amigos.

"Es que no puedo salir de la modalidad de *branding* y *marketing*", me dijo unos meses después de que empezáramos a trabajar. "Siempre me quiero asegurar de que nuestra familia y mis hijos se vean como si representaran bien la marca de la familia". Sus amistades del golf estaban recibiendo un trato similar y ya se estaban cansando de que siempre les hablara de su marca como golfistas, madres y mujeres, y cómo necesitaban pensar más en esa marca. Conforme progresaban nuestras sesiones, me informó de una creciente tensión con su esposo y sus hijos. Se peleaba más con su esposo, en parte debido a la frustración de él con la presión de mantener la "imagen" de la familia con el mundo. Era ingeniero, así que no le importaba mucho lo que otros pensaran.

Digamos que tú esquías. No hay nada que te guste más que bajar por colinas nevadas, marcar giros en la nieve y sentir el viento frío en tu cara.

En tu closet tienes todo el equipo: esquís, palos, ropa de invierno y un enorme par de estorbosas botas de esquiar. Ahora, digamos que un amigo te invita a jugar basquetbol. ¿Irías con esas botas para esquiar? ¡Por supuesto que no! Esas botas no sirven para eso, de hecho no sirven para nada que no sea esquiar.

¿Lo entiendes? El deporte es tu papel, el equipo es tu mentalidad. Para ser excelente en cada uno de esos papeles, necesitas elegir diferentes mentalidades y hacer una transición deliberada entre ellas cuando cambies de un papel a otro. Necesitas sacarte las botas para esquiar y ponerte los tenis. Ni el jefe de francotiradores Seal ni la ejecutiva de *marketing* sabían cómo cambiar su mentalidad de trabajo en su papel en casa. Se ponían las botas para lanzar tiros libres.

Después de que el Seal me contara su historia de la leche esa mañana, se me ocurrió un ritual para ayudarlo a cambiar de mentalidad cuando estuviera en casa; ya no le quería gritar a su hijo. Le pregunté si se lavaba los dientes todas las mañanas. Sí. Entonces, desde la mañana siguiente, sugerí, tenía que mirarse en el espejo mientras se cepillaba los dientes y decir en voz alta, "No estoy en entrenamiento. No estoy en una misión. Mi hijo tiene tres años y va a tirar su leche hoy. Dos veces".

A la mañana siguiente, el jefe me llamó para informarme que, si bien la leche se había caído de nuevo la noche anterior, él se mantuvo tranquilo. "Esperaba que lo hiciera dos veces, pero no pasó". Una semana después más o menos, el jefe pasó a mi oficina con una botella de *whiskey* de regalo y dijo, "Doc, no lo vas a creer: nuestro hijo no ha tirado la leche para nada desde esa primera vez que hice lo de cepillarme los dientes. He estado esperando que lo haga dos veces al día y no ha pasado para nada". (Resistí la tentación de tirar el *whiskey* sólo para ver qué pasaría.)

También le compartí a la ejecutiva de *marketing* el concepto de tener diferentes mentalidades para diferentes papeles. Le pedí que eligiera unas cuantas palabras que ella consideraba necesarias para tener éxito en cada uno de sus papeles: los rasgos de su mentalidad aspiracional. Para su papel como madre, quería ser buena en escuchar y guiar, paciente, amorosa y saber apoyar. Como esposa eligió respeto, comunicación, colaboración, acuerdos y amor. Para sus amigos del golf se le ocurrió diversión, ejercicio y conexión social. Y para su carrera como ejecutiva de *marketing* y *branding* escogió estar orientada a detalles, complacer a sus clientes y ser consistente.

Luego trabajó en sus rutinas de transición. Escribió sus papeles y palabras en una aplicación de su teléfono y se hizo el hábito de leerlas después de dejar el trabajo o antes de entrar al campo de golf. Esto le ayudaba a recordarse a sí misma las distintas mentalidades que había elegido para cada papel. Me comentó del efecto positivo que tuvo casi de inmediato. Sentía que estaba más presente, feliz y realizada en cada uno de sus papeles, y en retrospectiva se dio cuenta de qué tanto había permitido que su mentalidad laboral se vertiera sobre su vida personal. La experta en moda comprendió que la mentalidad es un poco como la ropa: puedes elegirla para cada ocasión. Unos meses después recibí una nota muy amable de su esposo ¡me agradecía por salvar su matrimonio! Una afirmación audaz y probablemente exagerada, pero que da testimonio del poder de cambiar de mentalidad entre cada papel.

Con anterioridad habíamos hablado de las rutinas predesempeño —por ejemplo, la canción de entrada del jugador de beisbol— como una forma de encender la mentalidad de ese desempeño. Cuando consideramos cambios en los papeles, la rutina predesempeño es igual de importante. Es similar a una "rampa de despegue" para tu desempeño, como un regulador de intensidad de la brillante luz que es tu yo en ejecución. Puedes poner un tipo de música o tomar una ruta en específico de camino al trabajo y poner otro tipo de música y tomar otra ruta de camino a casa. Tales rutinas en realidad entrenan a tu mente para tener la mentalidad correcta. No importa cuál sea tu rutina de "transición", lo relevante es que tengas una. Es probable que ya lo estés haciendo, así que date el tiempo para notar qué haces, luego codificarlo al ponerlo por escrito y convertirlo en un hábito. Cada vez que te adentres en esa mentalidad o salgas de ella, emplea exactamente la misma rutina. El término técnico para estas rutinas es "ejercicios para cruzar fronteras", donde uno entra y sale de sus actividades al atravesar los límites (físicos, emocionales y temporales) entre ellas.

El ya retirado Seal Marcus Luttrell me cuenta una gran historia sobre el cambio entre mentalidades. Un día entró a la oficina de uno de sus instructores. Como Marcus lo cuenta, "Este tipo era el instructor más cruel que alguna vez tuve el placer de conocer. El más rudo, el más rápido, el más fuerte; hombre, te gritaba como nadie". Ese día, cuando Marcus entró a la oficina, el tipo cruel y rudo estaba hablando suavecito en el teléfono, diciendo, "Muy bien, mi amor, te leeré el cuento cuando llegue a casa, te lo prometo. Te amo".

Cuando vio a Marcus de inmediato cambió de mentalidad. "Siempre traía puestos unos lentes negros", recuerda Marcus. "Cuando me vio, colgó el teléfono, asintió con la cabeza para que los lentes cayeran perfectamente en su lugar ¡y procedió a insultarme como nunca en la vida me habían insultado!". A veces, una rutina de transición puede ser algo tan sencillo como ponerte unos buenos lentes de sol.

Patriotas versus Halcones

El panorama deportivo está lleno de increíbles resurgimientos, pero pocos son más memorables que el Súper Tazón 51 ("LI" en lenguaje de la NFL), jugado entre los Patriotas de Nueva Inglaterra y los Halcones de Atlanta el 5 de febrero de 2017, en Houston. Los Halcones ganaban el partido 28-3 con sólo dos minutos restantes en el tercer cuarto, que fue cuando empezó la remontada. Los Patriotas metieron un *touchdown* casi al terminar ese cuarto, se recitaron de un jalón diecinueve puntos seguidos en el último cuarto y terminaron el resurgimiento más grande en un Súper Tazón, en la historia de la NFL, con un *touchdown* en tiempo extra.

Hubo numerosos factores atrás del asombroso remonte de los Patriotas y el desconcertante colapso de los Halcones: habilidad, suerte, fatiga, estrés, la habilidad de los entrenadores, las jugadas mandadas, los árbitros y demás. Pero hubo un factor potencial que no se reconoció y del que ni siquiera se dieron cuenta los jugadores y los entrenadores en el torbellino después del juego: la aversión a perder. Éste es el sesgo humano innato hacia jugar para no perder en lugar de jugar para ganar cuando llevas la delantera. Cuando nos acercamos más a la victoria, nos empezamos a preocupar más por perder.

Un estudio de la Escuela Wharton en 2011 revisó el desempeño de golfistas de la Asociación de Golfistas Profesionales (PGA, por sus siglas en inglés), los mejores del mundo en el que es quizás el deporte más mentalmente desafiante de todos. Descubrieron que, en control de todos los demás factores, los golfistas profesionales golpean *putts* para *eagle* o *birdie* con menos precisión de la que golpean *putts* para par, *bogey* o doble *bogey*.[19] (Un *eagle* son dos debajo de par y un *birdie* es uno debajo de par; ambos son buenos resultados. Un *bogey* es uno sobre par, un doble *bogey* son dos sobre par;

ambos son malos resultados para un jugador de primer nivel.) Ésta es una aversión a perder en acción. Cuando se les da la oportunidad de "ganar" un hoyo al anotar un *birdie* o algo mejor, la evidencia muestra que los jugadores se vuelven un poco menos agresivos. No golpean la pelota tan fuerte porque quieren quedarse con un tiro subsecuente para par más fácil. En lugar de pelear por la victoria, bajan un poco el nivel con el fin de asegurarse de no perder. Como indica el estudio, "los jugadores ponen más atención a sus *putts* para par con la intención de evitar codificar una pérdida".[20]

Otro estudio confirma tal comportamiento de aversión a perder. Al revisar datos de hoyos que se cambiaron de par cinco a par cuatro sin un cambio material en la naturaleza física del hoyo, la información muestra que los golfistas de la PGA tenían menor puntaje cuando los hoyos estaban marcados como par cuatro que cuando los mismos hoyos eran par cinco. Lo cual sugiere que los jugadores dan más de sí cuando juegan para evitar un *bogey* o algo peor que cuando juegan para mantener su puntaje. Por ejemplo, un jugador con una oportunidad de *putt* para anotar cuatro será una pizca más agresivo si el hoyo es par cuatro que si es par cinco. Cuando es un par cinco, incluso si fallan el *putt*, todavía pueden conseguir un par. El desempeño en un hoyo en particular no importa tanto, ya que los torneos se ganan a partir de quién tiene el puntaje más bajo al final de setenta y dos hoyos. Sin embargo, a los jugadores les importa, por lo menos de manera inconsciente. Los investigadores calculan que este comportamiento les cuesta a los jugadores por lo menos un golpe en el transcurso de un torneo de 72 hoyos, el cual, para los golfistas de élite, ¡se traduce en una pérdida de 1.2 millones de dólares de premio al año![21]

El estudio de golf de Wharton indica que sus resultados son consistentes con la teoría prospectiva, un concepto económico desarrollado por los psicólogos Daniel Kahneman y Amos Tversky en 1979, la cual predice que la gente sentirá más aversión al riesgo cuando registra ganancias (un *putt* para *birdie* o mejor) que cuando está sufriendo pérdidas (par o peor). De hecho, numerosos estudios confirman que la aversión a perder afecta la ejecución en una amplia variedad de campos, desde deportes hasta invertir en negocios. El pensamiento humano muchas veces está sesgado por la aversión a perder, así que reducir o eliminar el riesgo de perder se vuelve más importante que incrementar la probabilidad de ganar. Esta característica inherente puede infiltrar la mentalidad con efectos nocivos.

Para combatir la aversión a perder, trabaja en mantener una mentalidad a lo largo de todo tu desempeño. La conciencia es un buen primer paso: aprende qué es la aversión a perder y cómo su sesgo natural nos empuja a jugar para no perder en lugar de para ganar. Yo les digo a mis clientes que se sigan enfocando en las tácticas, acciones y comportamientos que los conducen al éxito. Esto es similar a los Seals, a quienes se les enseña a enfocarse en la misión sin cesar hasta que esté terminada. El conformismo es el enemigo. Se les taladra esto hasta que se vuelve su segunda naturaleza y la inclinación innata de aversión a la pérdida queda destruida. Deja el pie en el acelerador hasta que el trabajo esté terminado; no lo sueltes. Jugar para ganar es un cliché, pero también es una característica importante de la mentalidad que exhiben todas las personas con un desempeño cumbre con quienes he trabajado.

La mente por encima del templo

Mike Dauro creció en la costa del Golfo al sur del Mississippi y se mudó al oeste cuando recibió una beca del Cuerpo de Capacitación de Oficiales de la Reserva (ROTC, por sus siglas en inglés) para la Universidad de Colorado. En Boulder entró al equipo más fuerte del campus: los "Encargados de Ralphie". Es el equipo de estudiantes atletas que se encargan de la mascota de la universidad, una búfala llamada Ralphie. La cuidan, la llevan a varios eventos y, antes de cada partido de futbol americano en casa, la acompañan en una estrepitosa carrera alrededor del campo. Correr al lado de una búfala galopante es peligroso, y estar en ese equipo lo encaminó a perseguir su sueño de convertirse en Seal.

Sin embargo, no fue fácil. Mike aplicó para los Seals y lo rechazaron tres veces antes de ser aceptado finalmente. Cuando llegó a BUD/S, su mentalidad estaba definida. "Lo voy a lograr", recuerda haberse dicho. "Una vez que entré, no había duda de que iba a pasar el entrenamiento y me uniría a la comunidad Seal. Renunciar nunca me cruzó por la cabeza".

Mike tuvo éxito, se graduó de BUD/S y pasó el resto de su carrera militar como Seal. ¿Su mayor aprendizaje de esa experiencia? La mentalidad.

"Puedes ser la persona más físicamente apta pero, durante el entrenamiento de BUD/S, van a destruir tu cuerpo, tu templo", dice. "Ese hermoso templo que construiste se va a caer a pedazos. Cuando eso sucede, te tienes que apoyar en lo que está pasando del cuello para arriba. Si observas el entrenamiento, verás momentos en los que están mentalmente desmoronados. Ese grano de arena se volverá una montaña si no interceden de inmediato. La condición de la mente es más importante que la del cuerpo.

"La capacidad de perseverar en tales momentos es lo que buscamos en alguien a quien vamos a desplegar, porque en una misión van a enfrentar esos momentos en los que se necesita la mentalidad de nunca rendirse, de nunca defraudar a sus compañeros".

Mike tiene su propia versión de una mentalidad de crecimiento: "Hay tres cosas que evalúo constantemente. ¿Estoy creciendo yo? ¿Estoy haciendo crecer a otros? ¿Estoy haciendo crecer al equipo?". Recuerda haber empleado esta mentalidad en una misión en Afganistán. Su equipo y él pasaron casi un año en un pueblo afgano, aconsejando a los lugareños y sus tribus sobre cómo podían trabajar mejor juntos. No se trató de una típica misión de combate; los Seals tenían que colaborar con los habitantes, comprenderlos y ganarse su confianza. "A algunas de mis contrapartes en otros pueblos no les gustó esta misión porque no la veían como una misión 'Seal'. Yo pensaba otra cosa: ésta es nuestra misión y éstos son los confines en los que tenemos que trabajar. Abraza las circunstancias y adáptate. Yo le enseñé esto mismo a nuestro pelotón e hice lo mejor posible por ser un ejemplo. Podemos hacer que sea un éxito. Podemos trabajar dentro de los límites para volverla nuestra misión Seal".

Mike transformó la mentalidad de crecimiento que aprendió a través de sus años como Seal y mientras corría con Ralphie para transformar la perspectiva de su equipo. "Muchos tipos se unieron en busca de acción directa, volar a una misión cada noche. Para ellos eso es una misión Seal. Nosotros hicimos algunas misiones así, pero fuimos el equipo más exitoso porque teníamos la mentalidad de ir a la caza como si fuera una misión Seal. Adaptamos nuestra mentalidad para conseguir que funcionara".

PLAN DE ACCIÓN DE EXCELENCIA APRENDIDA: MENTALIDAD

LA MENTALIDAD ES UNA ELECCIÓN. PARA ELEGIR Y PRACTICAR LA TUYA:

Observa y selecciona las características de una mentalidad correlacionada con el éxito en cada uno de tus distintos papeles.

Activa tu mentalidad elegida al permanecer "en el círculo" de las cosas que se encuentran bajo tu control: actitud, esfuerzo y comportamiento.

Para activar tu mentalidad a través de la actitud, observa y cambia la forma en que te hablas. Reemplaza deliberadamente los sentimientos negativos e irracionales con sentimientos positivos y racionales.

Para activar tu mentalidad a través del esfuerzo, increméntalo. Registra y mejora tu "coeficiente de esfuerzo", qué tan seguido eliges esforzarte frente al tiempo no productivo.

Para activar la mentalidad a través del comportamiento, adopta prácticas que te ayuden a encarnar esa mentalidad: rutinas predesempeño, hábitos diarios, alinear tu lenguaje interno y externo, y rodearte de individuos con un pensamiento afín.

Para practicar la mentalidad, sal de tu zona de confort y toma más riesgos para que puedas practicar cómo manejarlos, aprender de ellos y recuperarte de los fracasos.

Para ayudarte a cambiar de mentalidad cuando pases
entre uno y otro papel, desarrolla y practica un ritual
o una rutina de transición.

Cuando estés cerca del éxito, recuerda la mentalidad que
te llevó ahí. Sé consciente de la tendencia humana de jugar
para no perder.

CAPÍTULO 5

PROCESO

El tiempo y la intensidad que le pones a tu trabajo y tu proceso es
lo que cuenta. No tienes que ser tan perfecto como crees, pero la
mentalidad sí tiene que ser agresiva.

—Rich Hill, pícher de las grandes ligas

Como parte de su rutina habitual de entrenamiento, los Navy Seals pasan por algo llamado Combate Cuerpo a Cuerpo (CCC). Tal y como el nombre lo indica, el entrenamiento simula lo que los Seals podrían encontrar cuando entran a un edificio en territorio hostil. Tiene lugar en un inmenso laberinto con pasillos, paredes y cuartos diseñados de tal manera que simulen hogares y oficinas. Durante el CCC, pequeños equipos de Seals (llamados "trenes" en la jerga de los Seals) entran a edificios y cuartos con el objetivo de despejarlos de enemigos y proteger a los aliados. Hay siluetas de cartón que representan a los enemigos y a los aliados por toda la "casa", para que los Seals tengan la oportunidad de decidir disparar o no disparar bajo presión. Sus instructores y líderes los evalúan a partir de tácticas, velocidad, precisión, capacidad de discernimiento, comunicación y trabajo en equipo.

Durante los años que fui el principal psicólogo del desempeño para los equipos Seal de la costa oeste, mi trabajo era ayudarlos con el CCC. Yo observaba los ejercicios desde una pasarela encima de la estructura y registraba parámetros fisiológicos de cada soldado por medio de una tableta portátil. Esto me ayudaba a ver qué tan bien les funcionaban los métodos que les había enseñado para controlar sus respuestas de estrés. ¿Cómo reaccionaban a situaciones en vivo con balas reales? Con esa información, los entrenaba después sobre sus técnicas de control de excitación (las cuales cubriremos a detalle en el siguiente capítulo). Estaba vestido con camuflaje y chaleco de tela Kevlar, y además me protegía la confianza de que los mejores operadores en el mundo no le dispararían accidentalmente a su terapeuta.

Un día, en 2010, un equipo de soldados de las fuerzas especiales de uno de los aliados de Estados Unidos estaba realizando su versión de CCC en una sección adyacente al edificio de CCC. Una hora más o menos después de empezada su sesión de entrenamiento, los disparos se detuvieron repentinamente y los reemplazó un griterío. Uno de los miembros de su equipo corrió hacia nosotros y preguntó si nuestros médicos podían ir a ayudarlos. Por curiosidad, fui con ellos. Uno de sus soldados estaba sentado en una silla, estaba que echaba chispas, discutiendo furioso con uno de sus compañeros. No parecía sentir dolor, a pesar de tener una herida de bala en la pierna: el orificio de entrada estaba en el muslo y el de salida un poco más abajo, cerca de la rodilla. No había mucha sangre; la bala atravesó la piel y de manera un tanto milagrosa siguió un trayecto subcutáneo por su pierna, sin golpear ningún músculo importante, venas ni arterias. En lo que a balas se refiere, no podría haber tenido una herida más limpia. Aun así, debía ser doloroso.

Resultó que este soldado hábil y bien entrenado se había disparado a sí mismo en la pierna mientras guardaba su arma. Su funda era nueva y un poco diferente de la que estaba acostumbrado a usar, al parecer ésa era la razón por la que se disparó. Este ligero cambio en el equipo chocó con cientos de horas de memoria y patrones musculares, y el resultado fue jalar el gatillo accidentalmente. El soldado tuvo una rápida recuperación, y aprendió una valiosa lección sobre procesos y cambios.

Quienes se desempeñan a un alto nivel son eficientes y consistentes. Siguen rutinas en casi todo lo relacionado con el desempeño: prácticas, comidas, descanso y relajación. Se enfocan en la preparación y confían y aprovechan su proceso de ejecución. Conocen su proceso; no sólo lo improvisan. Los pilotos más experimentados tienen una lista de control antes de cada vuelo, no sólo una mental, sino una escrita tal cual. Los procesos pueden ser complicados; incluso los practicantes más expertos pueden saltarse o equivocarse en un paso aquí o allá si no tienen todo documentado.

Los que se desempeñan mejor le dan una importancia extrema a mantener esta consistencia y sólo hacen cambios a su proceso de manera gradual y reflexiva. Si tienen equipo nuevo, practican exhaustivamente con él antes de cualquier ejecución importante, pues se quieren sentir seguros con cualquier cambio sutil en su flujo, su rutina y su proceso antes de "salir en vivo" cuando en verdad importa. El tiroteo fue un ejemplo visceral de qué tan importante es para quien tiene que desempeñarse el comprender enteramente los detalles de cualquier nuevo cambio en su rutina o proceso antes de su desempeño "en vivo". Ya sea que se trate de otra presentación con diapositivas, una computadora diferente, un lugar distinto, un artículo deportivo diferente o una funda distinta, cualquier cambio en tu proceso que no practiques puede llevar a un mal resultado. Como dispararte en la pierna.

Los procesos más críticos ayudan a quienes se desempeñan al máximo a gestionar tiempos, información y cambios (en el equipo, las técnicas, el diseño y el contenido, la salud y la condición, y en el proceso mismo). Un buen proceso para gestionar el tiempo ayuda a la gente a sacar más provecho a sus veinticuatro horas cada día que cualquier otra persona. Un proceso de información los ayuda a priorizar información valiosa mientras filtran el ruido. Una manera sólida de abordar el cambio los ayudará a no cometer el error de reaccionar de manera exagerada y tomar decisiones intempestivas. Los ejecutantes de élite transforman sus procesos de forma deliberada. Gestionan su tiempo con cuidado para poder sacar todo el provecho a sus veinticuatro horas. Monitorean la información que reciben con cuidado, para lo cual se valen de fuentes confiables e ignoran el resto a fin de recibir la información de mejor calidad que tenga que ver consigo mismos y su desempeño. Llevan a cabo las modificaciones con cuidado, emplean el conocimiento y la repetición para evolucionar hacia su nuevo estado.

¿Esto te funcionaría a ti? Piensa en las siguientes vacaciones que piensas tomar. ¿Cómo las planearías? Lo más probable es que primero investigues sobre el lugar al que quieres ir. ¿Cuál es la mejor época del año? ¿Cómo está el clima? Luego, ¿cuáles son los mejores lugares para hospedarse? ¿Qué harías o harían al estar ahí? Investigas, lees reseñas y artículos, comparas precios y sopesas tus opciones hasta que tienes un plan. En otras palabras, sigues un proceso reflexivo para llegar a un resultado óptimo: una linda vacación para ti y tus amigos o tu familia. Digamos que algo surge en el último minuto, un evento en otra locación al que quizá quieras asistir. ¿Dejas todo, tiras a la basura tu plan y cambias tu destino? Probablemente no. Es posible que desees ajustar tu itinerario, añadir o restar un día aquí o allá, pero después de haber seguido un proceso metódico para crear un viaje fantástico, tendría que darse algo de suma importancia para que lo desecharas.

Muchas de las personas con las que he trabajado tenían un mejor procedimiento para planear sus vacaciones que para alcanzar sus aspiraciones laborales o sus metas de desempeño. Lo cambiamos, así que esos procesos de desempeño se integraron, con información de alta calidad que alimentó sus cambios calculados. El resultado es que, cuando decimos "confía en el proceso", la gente que se desempeña realmente lo hace.

Rich Hill se describía a sí mismo como un "niño despreocupado" cuando fue pícher titular para los Cachorros de Chicago en el juego tres de los playoffs de 2007, contra los Diamondbacks de Arizona. Rich había pasado muchos años como pícher y tuve la oportunidad de conocerlo y trabajar con él cuando estuvo con los Dodgers de 2016 a 2019. Cuando él recuerda ese juego de los *playoffs* en 2007, piensa, "Sólo me sentía feliz de estar en las ligas mayores, y me preocupaba demasiado el resultado. Perdí de vista el momento, perdí de vista lo que estaba haciendo". Rich sólo llegó a la cuarta entrada del partido, entregando tres carreras y asumiendo la derrota. Los D'Backs les arrebataron la serie a los Cachorros.

Rich atribuye esa pérdida a que su mentalidad estaba enfocada en el resultado en lugar de orientada hacia el proceso. Empezó a dirigirla hacia el proceso alrededor de 2010, mucho antes de conocerme a mí. "Desarrollé una intensidad respecto a mí completamente distinta, un enfoque en el momento, la convicción y la confianza de que todo tomaría forma. Lo simplifico tanto como puedo". Con frecuencia hace referencia al momento en que la pelota deja su mano. Esto es lo que él puede controlar, junto con cada paso del proceso que conduce al lanzamiento.

"Todo mundo tiene talento, el diferenciador es lo que vas a hacer para mejorar", dice Rich. "La idea es mejorar uno por ciento. Si tienes uno por ciento más en el nivel de las grandes ligas, es mucho. El tiempo y la intensidad que le pones a tu trabajo y tu proceso son lo que importa. Los jóvenes se enganchan con ser perfectos. No tienes que ser tan perfecto como crees, pero la mentalidad tiene que ser agresiva". ¿Qué le diría a su yo de 2007? "Junta toda la intensidad y el valor, y atrévete. Puedes hacer las cosas de la manera correcta y aun así tener un resultado negativo. Es una mierda que las cosas no salgan bien, pero es mucho peor si no te atreves".

Las mismas veinticuatro horas

Observa a los mejores ejecutantes en el mundo, en cualquier campo. ¿Qué tienen ellos que no tengas tú? ¿Tal vez los atributos físicos e intelectuales asombrosos, habilidades marcadamente pulidas, personalidades fuertes (algunas buenas, algunas no tan buenas), carisma, atractivo físico, fama y fortuna? Está bien, está bien, ¿pero qué hay de las cosas que realmente importan, la moneda de cambio más valiosa de la humanidad? ¿Qué hay del tiempo? No hay diferencia alguna entre ellos, tú y yo. Todos tenemos veinticuatro horas al día. Ahora bien, yo sé que es un cliché: acabo de escribir "tienes las mismas" en Google, y muy amablemente me completó la oración: "24 horas que Beyoncé". Que es técnicamente cierto, aunque no efectivamente. Beyoncé y otras personas pudientes cuentan con bastante ayuda en las tareas cotidianas, como limpiar, cocinar, transportarse y volar jets privados a San Bartolomé. Así que modificamos el comentario a "Todos tenemos veinticuatro horas al día, excepto Beyoncé y otros como ella, cuyo dinero les compra más tiempo". La mayoría de la gente con la que trabajo, desde Seals y atletas, hasta líderes de negocios y rescatistas, se parece más a nosotros, la gente común para quienes veinticuatro horas en realidad son veinticuatro horas, que a las Beyoncé del mundo.

Pasamos una buena parte de esas horas durmiendo, alrededor de ocho horas al día si te adhieres a los lineamientos de salud más aceptados. Lo cual nos deja dieciséis horas. (Muchas personas tienen el hábito de dormir menos de ocho horas al día. Muy pocos pueden mantener un desempeño máximo viviendo con tal déficit crónico, la mayoría lo paga eventualmente en desempeño y otros factores importantes en la vida.)

Éste es tu presupuesto: dieciséis horas al día. ¿Cómo las pasas? Una de mis primeras peticiones cuando empiezo a trabajar con clientes nuevos es que compartan su agenda conmigo. Al hacerlo, casi siempre encuentro ratos libres en sus días, espacios en blanco donde no hay nada agendado formalmente. Cuando les pregunto respecto a esas horas, la respuesta suele ser tiempo que usan para ponerse al día o entrenar, o hablar con su familia.

¿Qué hay de ti? Toma un momento ahora mismo para abrir tu agenda. Veamos la semana pasada. Escoge un día. ¿Está completamente lleno de actividades o compromisos? ¿O tiene espacios en blanco desperdigados por aquí y por allá? Si te pareces a la mayoría de mis clientes al inicio de nuestra colaboración, la respuesta es la segunda.

¿Tienes una cartera contigo en este momento? Qué te parece si la abres y sacas un puñado de dinero y lo tiras al bote de la basura. Si no tienes efectivo, usa tu teléfono para pulsar una cuenta metafórica de pago y enviar algo de dinero —lo suficiente para que duela— al éter, perdido para siempre. Eso es lo que estás haciendo con esos huecos en tu agenda; son tiempo perdido, tu moneda de cambio más valiosa. No tirarías puñados de billetes, pero sí dejarías una hora el miércoles en la tarde completamente libre. Por supuesto que harás *algo* durante ese tiempo, pero ese algo puede estar dictado por cualquier cantidad de factores: alguien te llama en ese momento, el encabezado de algún *clickbait* que aparece en tu sección de noticias o cualquier correo al inicio de tu bandeja de entrada. Esto es esperar que la vida te diga qué es importante. Ese espacio en blanco en tu agenda se llena con lo que se te llegue a ocurrir en ese instante.

Aprender excelencia requiere extraer todo lo posible del tiempo que tienes, lo que implica que elijas activamente cómo vas a utilizar cada minuto. Es el distintivo del desempeño de élite que he visto: todos gestionan su tiempo de manera correcta. A pesar de tener más exigencia que la mayoría de las personas, son mejores en hacer las cosas en todos los aspectos de su vida. Son una paradoja, pues son las personas más ocupadas y al mismo tiempo las más efectivas. Por ende, el viejo dicho, "Si quieres que algo se haga, encárgaselo a una persona ocupada". ¿Por qué? Manejan mejor su tiempo.

Una gran variedad de investigaciones muestran que el manejo efectivo del tiempo también contribuye al bienestar. Un metaanálisis de 2017 de dichos estudios concluyó que "los hallazgos experimentales y no experimentales sugieren que el manejo del tiempo puede mejorar la calidad de vida de la gente, reducir el estrés, estimular la satisfacción laboral y fortalecer otras facetas del bienestar".[1]

Ted Brown, el ejecutivo de Lockton, me cuenta que su agenda es una "parte crucial de mi capacidad para desempeñarme a un alto nivel. Antes de salir de casa en la mañana, ya sé lo que me espera en el día. Planeo mis semanas, meses y años con el mismo formato. Hay un ritmo en cada semana. Por ejemplo, los lunes son para movilizarme a mí y a mi equipo. La planeación de martes a jueves es para seguir avanzando, y los viernes son de recapitulación y para dar cierre a todo. Hay un ritmo en mis días también. Me levanto. Medito diez minutos. Me voy a entrenar. Vuelvo a casa, les preparo el desayuno a mis hijos y los ayudo a alistarse para la escuela. Me baño con el agua lo más fría posible por cinco minutos. Eso estimula mi cerebro, me ayuda a pensar con claridad. Repito mi mantra, el cual me mantiene enfocado en lo que quiero ser, quién soy y a quién sirvo. Mi mejor momento para pensar es en la mañana, así que es cuando agendo juntas con los clientes y tiempo de preparación o iniciativas de liderazgo. La hora de la comida es un buen momento para reunirme con el equipo y las tardes están más orientadas a tareas".

La agenda de Ted refleja sus valores y el equilibrio por el que lucha en su vida. Incluye espacio para hacer ejercicio —"Necesito sacar a la bestia físicamente para poder calmar mi mente"— así como tiempo para meditar y estar con su familia. Y se adhiere a ella: "Mi rutina es sagrada. Soy casi un maniático para cumplirla".

El sistema de manejo del tiempo de Ted se me ocurrió cuando estaba en la Armada, trabajando con los Seals y con varios ejecutantes que se desempeñaban en el más alto nivel. Manejaba de camino al trabajo, un poco apurado y preocupado por el tráfico. De pronto caí en cuenta de que todas las personas con las que trabajaba eran muy buenas para manejar sus tiempos. Dormían lo suficiente y aun así parecía que tenían más horas en el día que la mayoría de la gente, como si nunca acabaran sentados en el tráfico, estresados y ansiosos. Me comprometí a volverme mejor en el uso de mis veinticuatro horas y creé mi propio sistema. Ahora, cada domingo en la noche abro mi agenda y miro mis siguientes diez días. Veo los espacios en blanco y los lleno con tareas o actividades, las cosas que valoro. Considero que diez días es la cantidad correcta de planeación a futuro. Sé cuáles son mis prioridades para las siguiente semana y media, y si tengo tiempo de sobra en mi agenda, ya sé cómo llenarla mejor. No siempre tienen que ser tareas ambiciosas; en mi agenda puedes ver entradas como "poner al día el correo". Lo mismo pasa con el tiempo para meditar, pensar y ponerme al corriente con tareas administrativas o las noticias. El punto es escribirlas y llenar tu tiempo de manera intencional; recuerda que es más probable que cumplas las cosas que escribes. Cada domingo, escribe cosas para llenar los espacios en blanco.

Pero, la vida sucede, ¿cierto? Cualquier calendario necesita ser flexible. Yo uso un código de color para ayudarme con eso. Durante esas revisiones dominicales, después de llenar todos los espacios en blanco, repaso cada día y me aseguro de que todas las entradas tengan colores: verde, amarillo o rojo. Los eventos en verde son los más flexibles; se pueden mover o incluso cancelar si surge algo más importante. Los eventos amarillos también son flexibles, pero sólo los reagendo si es absolutamente necesario. Y lo que está en rojo es prácticamente sagrado y tiene prioridad por encima de casi cualquier cosa que surja. Los verdes son tareas administrativas, juntas de rutina, tiempo para pensar y planear, o (en mi caso, ay...) entrenamientos. Para el amarillo se me ocurren citas de rutina con el doctor o el dentista, juntas internas, comidas con amigos. El rojo puede ser un aniversario o una cena de cumpleaños, juntas con clientes o tiempo de trabajo intenso para terminar un proyecto a tiempo. Los colores y cómo los utilices son enteramente subjetivos.

Estoy seguro de que mi sistema no es revolucionario. Quizás haya muchos otros que son igual de buenos. Pero lo que no es tan bueno es lo que mucha gente hace. Tal vez Ted Brown está siendo un poquito dramático cuando dice que "el espacio en blanco es la muerte"; muchas personas viven bien y envejecen con espacios en blanco en sus agendas. Pero sólo un poquito: el espacio en blanco es el portal hacia la procrastinación o el tiempo perdido, que sí puede aniquilar el desempeño.

Ahora mismo, muchos de ustedes están asintiendo con la cabeza. Tienes razón, Eric, dicen. Voy a organizar bien mi agenda y a eliminar todos esos huecos. Pero otros piensan, ¡me gustan mis espacios en blanco! Me dan tiempo para hacer cosas o relajarme o divertirme. No quiero llenar todo ese tiempo. Quiero ser dueño de mi agenda; no que ella se adueñe de mí.

A lo que yo digo, ¿por qué no? Todavía puedes tener tiempo para jugar, ver videos, leer o perder el tiempo haciendo algo divertido y sin sentido. De hecho, puedes tener más de ese tiempo si lo reservas de manera intencional. Marcarlo en tu agenda hace que sea tu decisión. También asegura que nos acordemos de hacer todas las cosas que tenemos que hacer, las cuales de otra manera probablemente olvidaríamos. Para ayudar a la gente a superar este sentimiento, podría empezar por pedirles que sólo llenen un hueco y dejen algunos vacíos. Una vez que ven lo bien que funciona, suelen llenar el resto.

La siguiente pregunta que la gente hace es cómo manejar los eventos inevitables que surgen de repente. En el mundo de la programación, un sistema impulsado por interrupciones es uno en el que un componente del sistema envía una señal a otro porque necesita algo hecho o porque ha completado una tarea solicitada. El componente que recibe la señal puede pausar lo que está haciendo para reaccionar a lo que se pide. En esencia, un componente interrumpe a otro, hace que se detenga y preste atención.

La gente también lidia con interrupciones. Podemos estar trabajando en algo, pero nos distrae fácilmente otra cosa —cualquier cosa— que surge. Somos como Dug, el perro que habla en la película *Up*, cuando ve una ardilla. Estás haciendo lo tuyo, cuando algo aparece e interrumpe tu flujo… ¡ardilla! En lugar de ignorar la interrupción, la conviertes en tu prioridad en ese momento.

Mi sistema de codificación de colores se hace cargo muy bien de las interrupciones, ya que, cuando aparece alguna, los horarios ya están priorizados. ¿En medio de una cita verde? Interrumpible. ¿Amarilla o roja? Probablemente no, pero puedes ver más adelante en tu día o en tu semana para encontrar un momento en el que puedas ponerle atención. Ningún sistema es perfecto y muchas veces será cuestión de criterio. ¿Vale la pena cambiar tu cita con el dentista por una interrupción de tu jefe? Sí. ¿Vale la pena perderte la fiesta de cumpleaños de tu hijo? La decisión es tuya, pero en lo que a mí respecta, la respuesta es no. Sin importar cómo acomodes tus prioridades, tener una agenda "intencional" te da un marco de pensamiento para manejar las inevitables interrupciones y que puedas tener más en control de ellas.

Alex Krongard tiene una metáfora útil en lo que a priorizar interrupciones se refiere. Alex se retiró de la Armada como contraalmirante después de una carrera de treintaiún años, la cual pasó casi enteramente con los Seals, incluyendo temporadas como oficial al mando del equipo 7 de los Seals y como parte del personal de la Armada en el Consejo de Seguridad Nacional. Cuando hablamos de manejar el tiempo, Alex piensa en una metáfora sobre un bote que su padre le enseñó. Si hay un hoyo en el casco, ¿está debajo o por encima del agua? Si está arriba de la línea del agua, el bote no se encuentra en peligro inminente de hundirse. Debajo de la línea significa que debe empezar el rescate. Cuando surge algo, Alex usa esta prueba: ¿Está arriba o abajo del agua? Arriba significa que tienes tiempo. Si te encuentras en un horario codificado verde, puedes tomar el tiempo para atender lo que esté pasando. En amarillo o rojo, probablemente no. Si la interrupción se encuentra debajo de la línea, entonces necesitas volcarte en ello. Te darás cuenta de que muy pocas cosas están abajo del agua.

El lugar donde marcas el límite se relaciona con los procesos para establecer metas de los que hablamos en el capítulo 3. Cuando reviso mi agenda los domingos en la noche, siempre tengo mis metas en mente. ¿Qué quiero lograr en esos próximos diez días? Mi lista de objetivos a corto plazo está cuidadosamente archivada en mi cabeza y en ninguna otra parte, pero muchas de las personas a quienes enseño escriben la suya y la actualizan junto con su agenda. Victor Zhang, por ejemplo, es el director de inversiones y vicepresidente senior de American Century Investments, una firma grande de gestión patrimonial a nivel global. Él tiene una hoja de cálculo actualizada con sus metas para dentro de uno, tres y seis meses en todos los aspectos de su vida: trabajo, salud, familia, espiritualidad, pasatiempos y amigos. Cuando está trabajando en su calendario y sus planes a futuro, Victor consulta su hoja. "Cada semana tomo tiempo para planear lo que haré ahora, lo que puedo delegar, lo que haré más adelante o nunca", dice. Victor va un poco más lejos con sus metas y su planeación: "Cargo dos cuadernos, uno para lo profesional y otro para lo personal. Los uso para mantener un registro de las cosas que necesito hacer, los objetivos a corto plazo. Disfruto la sensación de tachar cosas en un cuaderno tangible".

Esto puede sonar ilógico, pero esta visión disciplinada del manejo del tiempo que tienen las personas que se desempeñan a altos niveles, como Ted, Alex y Victor, ayudan a reducir el estrés. Yo he notado que, una vez terminada mi revisión dominical de la agenda, me puedo relajar; de hecho, ¡eso es lo que tengo agendado! No me siento abrumado por todo lo que tengo que hacer porque sé que ya estoy listo para sacar el mayor provecho a mis veinticuatro horas por los siguientes diez días. Cuando despierto en las mañanas, tengo menos decisiones que tomar, pues ya sé lo que me depara el día y cómo voy a emplear mi tiempo. Cuando surgen imprevistos, no pasa nada; tengo un proceso para reaccionar y hacer ajustes, y así no permitir que las pequeñeces me distraigan de lo relevante. Tengo tiempo apartado para cuidarme a mí mismo y a mi familia, y para disfrutar la vida que he construido con tanto cuidado. Todo esto suma a un nivel de tranquilidad que, por lo que veo, muchas personas no parecen tener.

El examen del barista

Hace algunos años trabajé con un atleta conocido, alguien que compite en un deporte que vemos con frecuencia en televisión. Había tenido problemas en los últimos partidos, algo no inusual para incluso los mejores atletas. Una mañana, en medio de esta crisis, mi cliente pasó por una de las cafeterías locales más concurridas para comprar un café antes de dirigirse al entrenamiento y el barista lo reconoció. Hasta ese momento, nada fuera de lo común.

Pero entonces, el barista procedió a diagnosticar los recientes problemas de desempeño de mi cliente. Resulta que el barista había sido atleta y había jugado el mismo deporte que mi cliente en la preparatoria. Esto, aparentemente, lo volvía un experto. Había visto a mi cliente recientemente en la televisión y sabía con exactitud cuál era el problema. Entre cobrarle a mi cliente y servirle su café, el barista le mostró lo que consideraba que mi cliente debería hacer de otra manera. Pon tus piernas así, empieza tu jugada así, toma tu latte ¡y ten un buen día!

Mi cliente se subió a su coche y continuó su camino hacia el entrenamiento. Pensó en lo que le había dicho el barista. Mucho. Para cuando llegó al entrenamiento, corrió hasta su entrenador e insistió en cambiar esto y aquello de su técnica. ¡Ahora mismo! ¡El barista tenía razón! Era la clave para salir de su crisis. Por fortuna, prevalecieron las cabezas más frías. La mejor forma de revisar y ajustar las técnicas de ejecución era confiar en la información y la opinión de fuentes calificadas. El barista no era experto; un exjugador preparatoriano no está calificado para decirle a un atleta de clase mundial cómo cambiar su juego. Y sus ideas se basan en una muy reducida muestra de observaciones. Vi tu juego anoche, ¿y a partir de eso tengo una idea de cómo cambiar fundamentalmente tu técnica? No es un buen plan.

Los entrenadores le dieron a mi cliente otra información: videos, datos, análisis, cosas que ya habían probado antes, lo cual le recordó que debía confiar en sus aportaciones y no en las del barista. Pronto se encarriló de nuevo y su juego ha mejorado desde entonces.

(Para ser justos con el barista, probablemente hay personas que le dicen cómo hacer su trabajo todo el tiempo. No prepares el café tan caliente, más espuma… ups, no tanta, un poco menos de azúcar y un poco más de jarabe. Ve un ratito al Starbucks más cercano ¡y escucharás *un montón* de entrenamiento! Las indicaciones están justificadas, pues la gente sabe cómo quiere su bebida más que el barista. Aun así, seguramente es agotador.)

Todas las personas con las que he trabajado en una variedad de campos tienen un proceso lleno de rutinas a las que se apegan para perseguir sus oficios y carreras. Sus procesos los ayudan a manejar su aproximación a la práctica, el entrenamiento, la nutrición, el aprendizaje, las relaciones, los viajes, las comunicaciones... casi cualquier aspecto de su vida. Para ti es lo mismo: eres una persona que se desempeña y sigues tus rutinas para alcanzar tus metas. La mayoría de la gente, incluyendo muchas de las personas con quienes he trabajado y que se desempeñan a nivel mundial, empieza con un proceso forjado a partir de una variedad de influencias. Tal vez establezcan una rutina de práctica en la preparatoria, una rutina de estudio en la universidad o una rutina laboral en su primer empleo. Es posible que sea un proceso construido con todo cuidado, establecido después de años de experiencia o algo que de cierta manera acaba de ocurrir. Ibas por ahí, viviendo tu vida, cuando —¿quién lo hubiera dicho?— tienes un proceso. Quizá no sea intencional, pero ahí está: los pasos que das antes, durante y después de un desempeño. No necesito decirte a ti ni a nadie más con quien trabaje que establezcan su proceso, pues ya lo han hecho. Lo que necesitamos hacer ahora es determinar cómo mejorar ese procedimiento para que también lo hagan los resultados.

Confía en el proceso, les digo a mis clientes, algo que seguido escuchas de boca de quienes se desempeñan en los más altos niveles. Sigue ese procedimiento y lo demás se solucionará solo. Pero el proceso no es estático; para alcanzar un desempeño óptimo, este necesita iterar de manera constante. Sigue el proceso, registra los resultados, aprende, haz ajustes, repite.

Hacerlo requiere de buena información, pero ahora más que nunca hay mucho ruido allá afuera. En términos científicos y de ingeniería, nuestro índice de señal/ruido es muy bajo. El internet le ha dado voz a miles de millones de personas, y nuestros teléfonos y otros dispositivos nos entregan esa cacofonía de opiniones prácticamente las veinticuatro horas al día. Así que el primer paso para ajustar tu proceso y mejorar de manera constante es descubrir en qué fuentes de información puedes confiar (señal) y cuáles ignorar (ruido). Las fuentes confiables deben *examinarse* con suficiente conocimiento y experiencia, y con tus intereses en primer plano. Además, su retroalimentación debe ser *válida* y basada en evidencia sólida.

"Quizá quieras escucharlo a él"

Pete Naschak se mudó por todo el mundo a lo largo de su carrera como Seal. En una ocasión, cuando estaba en una misión en Iraq, alcanzó a ver a un compañero Seal hablando con un aliado iraquí experimentado. El joven Seal le estaba dando una lista de órdenes al iraquí, y éste intentaba explicarle por qué algunas de sus instrucciones no funcionarían en esa situación en particular. Ambos empezaban a exasperarse cuando Pete se acercó a la conversación. "El Seal era nuevo, lo acababan de enviar ahí", recuerda ahora Pete. "Le pregunté en cuántas misiones había participado en ese lugar, en cuántos combates reales. La respuesta fue ninguno. Luego le pregunté al iraquí, y él contestó que había estado en alrededor de doscientas misiones, así que le sugerí al joven Seal que lo escuchara. En una de esas sabía de lo que estaba hablando".

Aunque probablemente Pete no usaría este tipo de lenguaje, estaba aplicando los principios de filtrado de información sobre la marcha. Rápidamente resumió la situación y determinó que el soldado iraquí tenía una experiencia mucho mayor, así que, con toda probabilidad, era una fuente de información más válida que el estadounidense relativamente inexperto. "Cada misión es diferente", dice Pete. "Tienes que tener cuidado si vas a aplicar un patrón. Tienes que pensar más allá del entrenamiento y comprender el contexto real. Dar un paso atrás, escuchar, observar, poner atención y entender qué está pasando. Intento preguntarle a la gente sobre lo qué ha pasado antes, lo cual me ayuda a crear un marco que pueda comprender. Hago muchas preguntas para poder identificar quién posee conocimiento". Esto fue una parte básica del proceso de Pete en la fase inicial de todas sus misiones: activamente buscó y examinó fuentes de información para determinar en cuál podía confiar. Por ejemplo, el soldado iraquí con más experiencia.

Quienes se desempeñan al máximo construyen un mapa de confianza que incluye todos los distintos nodos de información disponibles. De hecho, esto es algo que hacemos todos. Hay fuentes de noticias en las cuales confías: Radio Nacional, el *Wall Street Journal*, Fox News, la BBC, Al Jazeera, CNN, *influencers* de redes sociales, tu blog favorito, un canal de YouTube o un podcast, la página web de tu periódico local. Y aquéllos en los que no: cualquier *clickbait* que aparece de pronto en tu página de noticias con detalles de alguna historia salaz que realmente no necesitas escuchar (aunque a veces le das clic de todas maneras). Esto se conoce de manera colectiva como nuestra alimentación de medios, el cúmulo total de información y entretenimiento que consumimos, y al igual que sucede con cualquier alimentación, está llena de cosas que son buenas para nosotros y otras que no. Todo mundo tiene una opinión: los medios (sociales y tradicionales), las páginas web y tu familia, amigos, compañeros y baristas. El truco es filtrar lo que se ha evaluado de lo que no. Piensa de dónde obtienes una retroalimentación buena y sólida. ¿La tienes con regularidad?

Empieza con la gente a quien escuchas. ¿A quién has aprobado para que te dé información confiable? Los criterios a considerar:

- Es leal: está comprometido con tu éxito a lo largo de los buenos y malos momentos. Podría tener sus propios planes. Por ejemplo, tu jefe será más exitoso cuando tú tengas éxito, pero los buenos jefes están igualmente (si no es que más) dedicados a hacer que mejores. (Experimento de pensamiento: Si se da una oportunidad perfecta para ti fuera de tu actual puesto o empresa, ¿tu jefe te apoyaría para que la tomaras? Si es así, es alguien que está de tu lado.)
- Es honesto: te dirá la verdad desde su perspectiva, no sólo lo que quieres escuchar. A veces muestra algo de mano dura en el amor.
- Posee conocimiento: te puede leer bien. Ve los detalles de tu desempeño y tu personalidad, y comprende el panorama amplio de tu vida.
- Te reta: te impulsa física, espiritual e intelectualmente.

Cuando ves esta lista de criterios, podrías concluir que juntar un grupo de fuentes aprobadas no es fácil. ¿Necesito encontrar un equipo completo de gente que no sólo sea leal y honesta, sino experta en mi campo? Eso sucede de manera natural para los atletas, quienes tienen acceso a entrenadores expertos desde el inicio de su adolescencia. Para el resto de nosotros es un reto mayor. Una opción es contratar tus fuentes, ya sea entrenadores personales o ejecutivos. También recomiendo buscar mentores de tu campo, gente que ya sea experta en esa área y quizá también te conozca y sepa de tu trayectoria. Colegas anteriores o actuales son un gran lugar dónde empezar; esa comida regular con un colega se podría volver una relación más formal de orientación entre pares, en la que se aconsejan y ayudan uno al otro. Asimismo, grupos y foros de negocios, donde quizás haya miembros con experiencias y retos similares.

Conforme crees tu equipo de entrenadores, mentores, amigos y familiares de confianza, hazlos responsables. Recuérdales su papel como tu entrenador de confianza y pídeles que te den la información que necesitas. Algunas personas (un entrenador, un manager) asumirán que ése es su trabajo. Otras (amigos, familia, mentores) quizá necesiten que les recuerdes de vez en cuando que valoras y necesitas su aportación sincera. ¡Que no te dé pena! Si bien todos conocemos personas que nunca dudan en darnos sus opiniones honestas, es probable que conozcamos otras que sí dudan. Una vez que hayas evaluado tus fuentes, solicita su franca opinión con frecuencia. No te ayudan si todo lo que hacen es alabarte y estar de acuerdo contigo.

Todos tenemos muchas fuentes de medios también. ¿En cuáles de ellas puedes confiar? Usa los mismos criterios que cuando evalúas a la gente: que sea leal, honesto, experto y que te rete. Podría ser útil preguntar a tus fuentes comprobadas (las personas) qué leen y en qué confían. Y preguntarte a ti qué fuentes te instan a aprender. Periódicamente, revisa tus fuentes de medios para eliminar las que malgasten tu tiempo con más ruido que señales.

Así como casi todas las personas siguen una serie de procesos que les permiten organizar su vida, la mayoría cuenta con una red de recursos que le aporta información. Como sus rutinas, tales redes evolucionan de manera orgánica casi por completo, sin mucha meditación ni intención. Tómate el tiempo para examinar (o reexaminar) tus nodos para evaluar qué tanto confías en ellos. La información que aportan es el combustible de tu constante mejora.

Incluso las fuentes aceptadas pueden proveer una retroalimentación inválida. Tus padres tal vez te conozcan mejor que nadie. Probablemente ponen tu felicidad y tu bienestar por encima de todo lo demás. Y te dirán las cosas como son sin importar la situación. ¿Pero acudes a ellos cuando necesitas consejos en una cita? ¿O cuando quieres ideas para hacer una excelente presentación? Son nodos de información geniales, más que aprobados, pero el consejo que puedan dar sobre tus aventuras amorosas y la labor que requiere tu presentación quizá no sea válido. Cuando te dicen que la última persona se veía bien y por qué no se casan y tienen hijos ya, su retroalimentación no está basada en evidencia ni en conocimiento. Está basada en su deseo de tener nietos.

Esto es en particular cierto para una retroalimentación después del desempeño (y después de la cita). Las emociones están a flor de piel, las opiniones corren con mayor libertad, así que apruebas fuentes de las que es muy probable recibir retroalimentación inválida. ¡Ten cuidado con esto! Asegúrate de que la información que te aporten se base en evidencia (fueron testigos del desempeño, tienen algún conocimiento directo del resultado) y en competencia (saben de lo que están hablando). Esto aplica también para las autoevaluaciones. El diálogo interno negativo puede dispararse de inmediato después de desempeñarte en algo —"¡muchos 'hubiera'"!—, así que tal vez no sea el mejor momento para analizar objetivamente lo que pasó. La mayoría de las personas con quienes he trabajado tienen una rutina deliberada después de ejecutar algo para evaluar cómo lo hicieron. Apartan un bloque de tiempo después de su desempeño, por lo general lo suficientemente largo para permitir que las emociones se calmen, pero no tan largo como para que se les olviden los detalles, y se aseguran de acallar el diálogo interno antes de empezar.

Alex Myers es un competidor profesional de deportes electrónicos y un exatleta de Red Bull. Su juego preferido es *Street Fighter*, el cual se trata justamente de peleas callejeras. Alex se enamoró de los videojuegos cuando era niño, su mamá le compró una consola y empezó a competir en la adolescencia. Ahora, además de tener empleo como agente de talentos, Alex viaja por el mundo jugando *Street Fighter* y, como él dice, "pateando traseros". (Asumo que se refiere de manera digital. Alex es una persona demasiado agradable como para pelearse de verdad en la calle.) Lo conocí en un campamento de desempeño bajo presión y empecé a trabajar con él poco después. Estaba lidiando con una tendinitis y quería renovar su manera de abordar su entrenamiento y su desempeño.

Antes de que Alex y yo empezáramos a trabajar juntos, Alex me informó que después de una competencia "No quería repasar los detalles ni estudiar las grabaciones. Sentía que estaba reviviendo un mal recuerdo. En serio tenía un complejo muy fuerte". Alex era una fuente adecuada respecto a su propio desempeño, pero no una válida. La retroalimentación qué él mismo se daba estaba basada más en la emoción (enojo por la derrota) que en la evidencia (análisis o cómo se dieron las cosas). Trabajamos en eso, así que ahora, cuando Alex termina una competencia, ya tiene la rutina de analizar su desempeño. "Me doy un respiro y descanso un poco antes de tratar de procesar lo que pasó. Luego, intento descomponer *cómo* perdí (o gané), en lugar de obsesionarme con *por qué* perdí. Ese porqué puede ser emocional. El cómo me deja descomponerlo sin sentimentalismo, así que puedo aprender de ello".

Penelope Parmes es una abogada retirada, experta en materia de insolvencia, campeona mundial de baile de salón y ávida visualizadora, cosa que practicaba desde mucho antes de empezar a trabajar conmigo. Ella usa la visualización como un componente para su análisis postdesempeño. Por ejemplo, participó en una competencia de baile donde su pareja y ella quedaron en tercer lugar. "No estaba contenta", me dice, "porque yo sentía que era (o podía ser) mejor que otras parejas que habían puesto delante de mí. Me sentí desanimada. En la siguiente ronda, observé cómo bailaban y traté de identificar qué estaban haciendo que yo no. Luego visualicé cómo yo bailaba y pude alejarme y observarme como un tercero, para comparar mi ejecución con la suya. Así supe lo que yo había hecho y no hecho, y por qué bailaban mejor que yo". Este proceso es más elaborado que el de Alex, pero la intención es la misma. Una de las mejores fuentes de retroalimentación después de tu desempeño eres tú mismo, pero primero necesitas tomar medidas para asegurarte de que tus observaciones sean válidas, guiadas por evidencia objetiva y no por diálogos internos emocionales.

Cuándo cambiar

El esquí acuático profesional sobre tabla es más intenso y más atlético que las cosas que ves en tus lagos y lagunas locales todos los fines de semana. Los profesionales son arrastrados a velocidades alrededor de 40 km/h y aceleran al doble de esa velocidad cuando cortan a través de la estela para empezar un truco. Luego se lanzan y sacan dobles mortales, múltiples giros y un montón de otras cosas elaboradas en el aire, antes de que la gravedad los devuelva al agua, con la esperanza de caer encima de su tabla y no, como dice el profesional Mike Dowdy, "¡de cara contra algo que se siente como cemento!". La familia de Mike se mudó varias veces cuando él era chico. Empezó a entrenar esquí acuático sobre tabla de joven en San Luis y lo tomó más en serio durante sus días en Michigan. A los dieciséis años decidió mudarse por su cuenta a Orlando, Florida, para perseguir una carrera como profesional.

Mike y yo empezamos a trabajar juntos en 2016. En aquel entonces, Mike carecía de constancia. Como todos los ejecutantes, tenía un proceso pero, como él dice, "no había rima ni razón para mi preparación. Sólo entrenaba duro y si las cosas no salían bien en los eventos, modificaba algo. No tenía idea de por qué. Sólo pensaba que tenía que cambiar algo".

Así que, cuando Mike y yo iniciamos nuestra colaboración, creamos un proceso y nos ceñimos a él. Le ayudé a Mike a volverse mucho más deliberado sobre cómo pasaba su tiempo, llenando su calendario con espacios para preparaciones tanto físicas como mentales. Establecimos y registramos metas semanales, no sólo basadas en resultados (qué tan bien le iba en las competencias), sino en el proceso (qué tanto practicaba, qué tan bien se ceñía a su agenda), e identificamos sus fuentes válidas y aprobadas de información (entrenadores, familia) mientras filtramos el resto (redes sociales). No importaba si Mike ganaba o perdía: seguía el mismo proceso. "Los atletas son hacedores", dice. "Siempre necesitamos tener algo que hacer, así que la estructura general del día se vuelve muy importante. Establecí una hora para irme a acostar y para despertarme, agendé los ejercicios de respiración. Cuando me falta estructura, me pierdo entre las ramas. Cuando tengo una rutina, me siento más estable".

Con frecuencia les digo a mis clientes que, para mejorar, los *amateurs* se enfocan en los resultados, mientras que los profesionales se enfocan en los procesos. Y con enfocarse en los procesos me refiero a evaluarlos con cuidado y de manera sistemática, además de ajustarlos y confiar en que habrá consecuencias positivas. Cuando empezamos a trabajar, el proceso de Mike era secundario a sus resultados. Cuando perdía un evento o se caía haciendo un truco, ajustaba al azar sus rutinas con la esperanza de que las cosas mejoraran.

Para ser francos, Mike sólo estaba siendo humano. Por naturaleza, la mayoría de nosotros evaluamos la calidad de una decisión o un desempeño por el resultado, en lugar de valorar el proceso detrás de ese resultado. Racionalmente sabemos que en ocasiones puedes hacer todo bien y obtener un resultado negativo. Un buen proceso, o incluso uno grandioso, a veces puede derivar en una mala consecuencia. Pero, ¿y qué? No nos fue bien, así que algo debe estar mal con nuestro método. Tal sesgo sobre los resultados, que en ocasiones se llama "resultante", es común a lo largo de muchos tipos diferentes de decisiones y procesos.[2]

Somos propensos además al "sesgo de la disponibilidad": la tendencia a depender de información que esté disponible de inmediato.[3] El sesgo de la inmediatez es una forma de esto, ya que el resultado más reciente es muchas veces el que está más disponible. Por ejemplo, un estudio de 2021 sobre apostadores de la NFL del año 2003 a 2017 encontró que no sólo los apostadores dan mucho más peso al partido más reciente al momento de meter sus apuestas, sino que su sobrerreacción es todavía más pronunciada en tanto mayor sea la magnitud de la victoria o la derrota más reciente.[4]

Hay entonces un sesgo a la acción. Hacer algo, cualquier cosa, incluso si no hacer nada es la mejor opción. Éste es un gran ejemplo del sesgo a actuar en el trabajo: los porteros de futbol intentan bloquear tiros de penales. Los penales se dan cuando el equipo defensor comete una falta, como agarrar a un oponente o bloquearlo de alguna manera, o tocar el balón con la mano, dentro de la zona de penalti (un rectángulo pintado en el pasto frente a la portería). También son una forma de determinar quién gana en un partido empatado, como vimos antes, en las anécdotas de Carli Lloyd. El balón se coloca en un punto al centro, once metros enfrente de la portería. Los índices de éxito en tiros de penal a niveles profesionales son elevados: se anota alrededor de 75 por ciento de los penales.

Cuando se intenta hacer un tiro de penal, el jugador tiene permitido correr hacia el balón, pero el portero no se puede mover hasta que ya pateó el balón. Esto significa que, dada la velocidad con que se patea un balón a niveles profesionales del deporte, el portero no tiene tiempo de leer la dirección del balón y reaccionar. Para cuando lo hace, la pelota ya lo pasó. Así que debe tomar una decisión: puede adivinar qué dirección tomará el balón y saltar hacia allá en el instante en que el pie se encuentra con la pelota, o quedarse quieto. Los modelos de datos muestran que la mejor estrategia es esta última: mantener la posición en el centro de la portería e intentar bloquear el tiro desde ahí. Por ejemplo, un estudio concluye, "un análisis de 286 tiros de penal en ligas mayores y campeonatos por todo el mundo muestra que, dada la probabilidad de distribución de la dirección de la patada, la estrategia óptima para los porteros es quedarse en el centro de la portería".[5]

Sin embargo, los porteros rara vez hacen eso. Casi siempre adivinan y saltan, ya sea a la izquierda o a la derecha. Se ha convertido en la norma entre guardametas porque están sesgados hacia la acción: creen que es mejor adivinar y brincar, en lugar de sólo quedarse quietos, incluso aunque las investigaciones indiquen lo contrario.

Si sumas todo esto —sesgo al resultado, sesgo a la disponibilidad y sesgo a la acción—, hay una poderosa tendencia humana a actuar cuando las cosas no se dan como tú quieres. Escucha cualquier programa de radio de deportes y sabrás a qué me refiero. Estos programas están llenos de gente que expresa rápidas reacciones a lo que ocurrió en el partido anterior. Si este o aquel jugador apestó el lugar, ¡que lo saquen! Muchas veces transmiten una declaración del entrenador, que predica tranquilidad, continuidad, consistencia y proceso. Las fuentes emocionales, no aprobadas e inválidas gritan pidiendo un cambio; el profesional opta por confiar en el proceso. (Los reaccionarios viscerales se conocen a veces como mariscales de campo de lunes en la mañana, una frase acuñada por la estrella de futbol americano de Harvard Barry Wood en 1931. Wood era, naturalmente, mariscal de campo.)[6]

Cuando la gente tiene problemas, no le va bien en su trabajo o en otro campo de su desempeño, existe una fuerte tentación de hacer un cambio. La respuesta correcta, sin embargo, es *no* actuar, o por lo menos no de inmediato. En cambio, crea y consulta un ciclo empíricamente basado en retroalimentación. Recaba información sobre el desempeño de tus entrenadores y de ti mismo, pero asegúrate de que sea válido: acalla tus emociones para que puedas observar todo con más objetividad, escucha sólo a los entrenadores que hayas aprobado (¡no a los baristas!). Examina tu proceso y tu resultado: Antes de esa llamada de ventas, ¿cómo te preparaste? Durante la junta, ¿cómo abordaste los temas? ¿Cuál fue el resultado? Una vez que hayas hecho este análisis, entonces puedes empezar a pensar qué aspectos de tu proceso quieres cambiar.

Si decides hacer algún cambio, hazlo un paso a la vez. Destruir todo y empezar de cero quizá se sienta bien, pero rara vez es la mejor táctica. En cambio, aísla uno o dos componentes de tu proceso, ajústalos y ve qué sucede. Si haces un pastel de chocolate y no te sale bien, no necesitas cambiar los ingredientes, la temperatura del horno *y* el tiempo, con la esperanza de que las cosas salgan mejor. El criterio más inteligente es ajustar una o dos cosas, recabar más información e intentar de nuevo.

Mientras consideras cambiar, recuerda la posibilidad de que tal vez lo correcto sea no cambiar nada. Las buenas y malas rachas siempre se acaban, pues el desempeño por naturaleza regresa a una media. Los malos resultados pueden derivar de buenos procedimientos. Quienes tienen un desempeño pobre reaccionan a esos malos resultados; los buenos no. Nathan Chen cometió algunos errores durante el calentamiento antes del programa largo individual en las Olimpiadas de 2022. El viejo Nathan podría haber hecho algún cambio después de esos tropiezos, alterando su programa o concentrándose de más en esas partes del programa en particular durante la competencia. El nuevo Nathan los descartó y se mantuvo firme en su proceso. Su actitud había evolucionado por completo. No tenía por qué temer o reaccionar a los errores. Él sabía que eran inusuales y estaba contento de quitarlos de su camino.

El distintivo de toda persona que se desempeña a un alto nivel es la consistencia. Aman y odian el cambio. Lo aman porque quieren mejorar constantemente y cambiar puede ser un catalizador de esa mejora. Lo odian porque su proceso es esencial y cualquier cambio que hagan se debe abordar con cautela. Cambiar el proceso es algo serio, sólo se debe hacer a partir de información válida y aceptada, lejos de la emoción de sesgos naturales humanos enfocados en los resultados. El cambio, por lo general, se aplica de manera gradual, modificando una cosa a la vez en lugar de dinamitar todo de un jalón.

Yo pienso en los pescadores. Cuando quieren probar en una región o un río en particular, es posible que investiguen un poco sobre dónde pican los peces y qué clase de señuelo o mosca deben usar. Cuando lleguen al agua, tendrán un proceso. Sondear el agua, elegir un lugar, escoger un señuelo o mosca, y darle una oportunidad. Prueba suficientes veces para saber que algo no está funcionando, luego ajusta una cosa, ya sea la localización, el señuelo o algo más. Cambia una cosa, inténtalo otra vez y luego cambia de nueva cuenta. Tal vez suene lento y frustrante; ¡pescar no es para todos! Pero es como lo hacen quienes se desempeñan al máximo. Siguen su proceso y hacen cambios con cuidado. La paciencia es importante. No desarrollas un proceso ganador de la noche a la mañana.

El fracaso como pivote

Derrick Walker es una persona exitosa que ha fracasado mucho. Hijo de un ingeniero y una trabajadora social, creció en Detroit y triunfó tanto en los deportes como en la música en sus años de preparatoria. Jugó beisbol en la universidad, lo suficientemente bien para que lo reclutaran los Diamondbacks de Arizona, y pasó cuatro años en su sistema de ligas menores antes de que lo dejaran ir. Después, se unió a los Riverhawks de Rockford en la Liga Pionera (una liga independiente) y entregó su guante y sus tacos al final de la siguiente pretemporada. Fracaso #1.

Derrick decidió entonces darle una oportunidad al ejército. Se unió a la Armada y eventualmente probó suerte con los Seals. Le fue bien en BUD/S, sobrevivió a la Semana del Infierno, que es la parte más difícil del programa. Pero luego vinieron los ejercicios acuáticos durante la segunda fase del entrenamiento de BUD/S. Derrick batalló mucho y lo obligaron a salir del programa. No se convertiría en Seal. Fracaso #2.

Derrick se replegó, obtuvo su maestría en administración de negocios y ahora tiene una carrera exitosa como líder empresarial en compañías como Nike y Nationwide. Empezamos a trabajar juntos en 2022 y pronto descubrí que Derrick es un ejemplo de la persona que usa el fracaso como oportunidad para aprender e inyectar información a sus decisiones y su mentalidad. Cuando le pregunté al respecto, no los llamó fracasos; son pivotes. No siempre fue así. "Cuando me sacaron de la organización de los Diamondbacks estaba destrozado y me puse a llorar. Me seguía preguntando qué iba a hacer".

Ahí fue cuando empezó a afinar este proceso de fracasar. Comienza con una reflexión: "Siempre pienso en las cosas que hago y en lo que podría hacer de otra manera. Iba a ser un beisbolista de las grandes ligas; no consideraría ninguna otra opción. Así que reflexioné sobre las cosas que más me gustaban del beisbol. Me gustaba mucho ser parte de un equipo, amaba la camaradería. Me encantaba cómo el beisbol era un deporte basado en el fracaso y la mentalidad tan recia que requiere. Pensé que podría obtener todo eso en el ejército. Luego, en la Marina, era la rudeza mental y la comprensión de cómo gestionar retos, además de que la idea de servir a mi país se volvió más y más atractiva. Luego pude aplicar esas habilidades en un ambiente académico y ahora en uno laboral. Me siento mucho más seguro sobre mi capacidad de aprender".

A lo largo de su trayecto desde el beisbol profesional, pasando por la Armada, hasta llegar a un posgrado y el mundo corporativo, Derrick ha desarrollado un proceso de pivote para el fracaso. Primero, lo redefine de fracaso a pivote. Disecciona las experiencias que lo condujeron a ese fracaso y medita sobre lo que le gustó y lo que aprendió de ellas. Luego, busca qué sigue: dónde puede replicar los aspectos de lo que le gustó y aplicar las cosas que aprendió. Es una estrategia poderosa y brillante en su simpleza. Cuando falles, enuncia de forma sistemática los aspectos positivos y las enseñanzas de esa experiencia; luego, cambia el escenario o intenta de nuevo. De esta manera, nunca fallas, sólo giras.

La tabla de esquí acuático en mi pared

El último evento del tour de esquí acuático profesional sobre tabla se llevó a cabo en Indianápolis, Indiana, el 7 de agosto de 2016. Mike Dowdy me envió un mensaje de texto el día antes del evento: Me siento bien... He hecho todo lo que planeamos esta semana y he sido consistente con mis hábitos. Voy a seguir el plan y a hacer mi mejor esfuerzo. Luego, la tarde siguiente recibí una foto de él descorchando una botella de champaña encima del podio. ¡Gracias por toda tu ayuda este año! ¡Lo logré! ¡Campeón Mundial!

Mike tenía un talento superior. Eso fue obvio desde el principio, cuando empezamos a trabajar juntos. Estaba comprometido con el éxito y trabajaba duro. Juntos añadimos un proceso: una estructura para manejar su tiempo, un conjunto claro de nodos de información confiable y la disciplina para ser constante con su rutina, a pesar de los resultados. Unos días después de que Mike ganara su título, llegó un paquete a mi casa. Era la tabla que Mike había usado en su victoria triunfal, un fantástico regalo de agradecimiento. Ahora está colgada en la pared atrás de mi escritorio. Es una tabla de esquí, pero también una evidencia del poder del proceso.

PLAN DE ACCIÓN DE EXCELENCIA APRENDIDA:
PROCESO

LOS MEJORES PARA DESEMPEÑARSE CONFÍAN EN QUE,
SI SON CONSTANTES EN SU PROCESO, LOS BUENOS
RESULTADOS VENDRÁN. PARA ELLO:

Extrae todo el provecho a tus veinticuatro horas diarias.
Dedica tiempo cada semana para planear con intención
cada hora de tu agenda para los siguientes diez días.
Designa espacios verdes, amarillos o rojos, dependiendo
de la importancia y la flexibilidad de la actividad planeada.

Mejora tu proceso, primero identifica qué fuentes de
información puedes usar como influencia. Las fuentes
confiables deben ser evaluadas y validadas. Ignora el resto.

Aprueba tus fuentes de información a partir de su lealdad,
honestidad, capacidad de retar y conocimiento de
tus matices y particularidades. Examina la validez
de sus opiniones con evidencia que las respalde.

Haz cambios en tu proceso con cuidado. Basa esos cambios
sólo en información verificada y válida, y hazlo de manera
gradual, cambiando sólo una o dos cosas a la vez para ver
cómo resulta.

Define un proceso para manejar el fracaso; asegúrate de
aprender de él y girar sobre ese pivote con éxito para pasar
a lo que sigue (incluso intentarlo de nuevo).

CAPÍTULO 6

TOLERANCIA A LA ADVERSIDAD

Páralos en un escenario y pídeles que hagan comedia de stand-up,
y tendrán una respuesta diferente.

—Andy Walshe, experto en desempeño humano

A inicios de 2016, mi amigo y colega Andy Walshe me llamó para hacerme una sugerencia. Andy era director de alto desempeño (qué gran título) de los 850 atletas y artistas de Red Bull. Se encargaba de diseñar y administrar formas de ayudarlos en su desempeño de clase mundial en una amplia gama de disciplinas para que desafiaran los límites del desempeño humano. Andy es un australiano fabuloso que, antes de su trabajo en Red Bull, tuvo puestos similares en el Instituto Australiano del Deporte y la Selección Nacional de Esquí de Estados Unidos. Ha dedicado su carrera a ayudar a los mejores a llegar todavía más lejos, en primer lugar al sacarlos de su zona de confort y ayudarlos a aprovechar su potencial.

Unos cuantos años antes, Andy me había invitado a unirme (como proveedor, con permiso de mis jefes en la Marina) al extremadamente talentoso equipo que había creado en Red Bull, incluyendo expertos de una amplia gama de disciplinas (nutrición, fuerza y acondicionamiento, fisioterapia, terapeutas y más). Además de trabajar individualmente con los atletas para mejorar su desempeño, también pude ayudar al equipo con los múltiples campamentos que tenían. La mayoría eran campamentos de aptitudes para ayudar a los atletas a expresar mejor sus habilidades particulares: esquí, surf de olas grandes, motocrós, etcétera. Pero una vez al año reuníamos ejecutantes de toda clase de deportes y artes para nuestra "joya de la corona", el Campamento de Desempeño Bajo Presión (PUP, por sus siglas en inglés). El objetivo era ayudar a inocular a estos atletas de clase mundial contra el estrés de la ejecución.

La teoría era exponerlos a pequeñas dosis de situaciones malas, estresantes o incómodas, observar cómo respondían y enseñarles cómo podían optimizar sus reacciones. Los ejercicios les ayudarían a ejecutar mejor frente a la presión de una competencia (y en el caso de algunos deportes, de su supervivencia). Este método, llamado Terapia de Inoculación del Estrés, es una práctica desarrollada por el doctor Donald Meichenbaum, quien descompuso el proceso en tres fases: educación (aprender sobre la naturaleza de las situaciones estresantes y las reacciones humanas), desarrollo de aptitudes (enseñar habilidades de adaptación) y aplicación (introducir estresores y practicar la respuesta). La investigación de Meichenbaum demostró que la terapia era efectiva para una amplia variedad de estresores, incluyendo ansiedad, enojo y dolor.[1] Es parecida a una vacuna para la gripa, pero para el estrés: consistía en darles una pequeña dosis de algo malo para que el cuerpo pudiera reaccionar y fortalecerse para la siguiente dosis que seguramente sería mayor. Los biólogos llamaron este planteamiento *hormesis*, que es cuando algo dañino en dosis altas es beneficioso en pequeñas cantidades. O como dijo el filósofo Friedrich Nietzsche, lo que no te mata te hace más fuerte.

En su manera de abordar la inoculación contra el estrés, Andy Walshe prefiere sacar a los participantes de su vida cotidiana, explicando que, "en lugar de lidiar con el espacio donde se desempeñan, los llevamos a un ambiente distinto. Con esta sensación de presión e incertidumbre, revierten a su comportamiento natural o su respuesta inicial. No corremos el riesgo de destruir su ego porque no se encuentran en el área donde mejor se desempeñan. No puedo llevar a Navy Seals a un escenario de batalla. No se van a sentir estresados porque son muy buenos en ese ambiente. Páralos en un escenario y pídeles que hagan comedia de *stand-up*, y su respuesta será diferente". Los ejercicios estaban diseñados para proveer niveles altos de estrés percibido, mientras que la amenaza real era en sí mucho menor. Esto ayuda a futuros ejecutantes a conocer los precursores de su estrés y les da la oportunidad de practicar la gestión de sus respuestas.

Por ejemplo, la falta de oxígeno (justificada) es un miedo primordial, pero la mente puede superar este reto. Por supuesto que tenemos que respirar, pero la mayoría de nosotros puede aguantar la respiración mucho después de empezar a sentir miedo. En el campamento de PUP, cada ejecutante tiene que hacer un ejercicio que consiste en contener la respiración;

en unos cuantos días, la mayoría pasa de contenerla durante 30 o 40 segundos a 3 o 4 minutos. Físicamente, nada cambió. Mentalmente, aprenden que pueden superar el miedo.

Conforme nos volvimos mejores para montar campamentos, empecé a ver el magnífico progreso de nuestros participantes. Todos, en el transcurso de nuestra vida, enfrentamos y lidiamos con una gran variedad de dificultades estresantes, desde lo mundano (el tráfico, el trabajo), hasta lo profundo (pérdidas, infortunios). Con el tiempo, vemos cómo reaccionamos de manera natural a tales situaciones y aprendemos cómo adaptarnos. En cada campamento PUP de cinco días, exponemos a nuestros participantes a una gama de desafíos estresantes que probablemente nunca enfrentarán en el mundo real, pero que acelera la sabiduría que hubieran acumulado a un paso natural durante su vida. Y funcionó: nuestros atletas declararon unánimemente tener mayor confianza al salir de PUP, y su desempeño casi siempre fue mejor.

El truco para crear estos escenarios de inoculación contra el estrés era generar una situación en la que la amenaza percibida superara por mucho la real. Queríamos disparar reacciones fuertes de estrés, pero sin poner a nadie en un auténtico riesgo. A veces es fácil: un atleta que no se inmuta ante una ola del tamaño de un edificio de diez pisos o al ponerse un traje aéreo y lanzarse de un acantilado podría sentirse aterrado de tener que compartir sus sentimientos enfrente de sus colegas. O al ser aventado, cual Indiana Jones, a una fosa de serpientes que se retuercen (inofensivas). ("¿Por qué tenían que ser víboras?", dijo Indy, y, sin duda, también algunos de nuestros participantes.) Lo que Andy me pidió esa mañana, en 2016, fue inventar algo nuevo. "Amigo, tómate unos días y piensa en algo nuevo que podamos hacer, que sea épico para los atletas en el PUP de este verano". Andy me pidió ser creativo. Le di vueltas un rato y finalmente se me ocurrió la idea de… y no sé de dónde salió… un oso grizzly. Les costó un poco de trabajo a Andy y a su equipo, pero en cuestión de semanas teníamos un plan.

Bart el Oso II era un oso grizzly de dos metros y medio y seiscientos kilos, estrella del cine y la televisión, que apareció en películas como *Hacia rutas salvajes* y *Compramos un zoológico*, y series de televisión como *Scrubs* y *Juego de tronos*. Cuando llegó el momento de elegir el oso para nuestra producción de PUP, Bart fue nuestra primera y única opción.

Nuestra gente llamó a su gente, comieron (seguramente platos de ensalada fría de salmón) y pronto Bart estaba en camino al campamento PUP. (Bart II murió en 2021. No estaba emparentado con el primer ganador del Oscar en la categoría de mejor actor osuno, Bart el Oso.)

Entre nuestros campistas de ese año había nueve atletas, cuatro mujeres y cinco hombres, que competían en esgrima, surf, esquí, carreras de fondo, ciclismo BMX y escalada. Tan pronto como llegaron, empezó el estrés. El primer día se sumergieron en una tina de agua helada bajo el tutelaje de Wim Hof (un atleta neerlandés y gurú que propugna los beneficios de la exposición al frío) y después hicieron una caminata corta. En mi experiencia, en ocasiones es difícil conseguir que atletas de alto rendimiento (o personas con un desempeño de élite) se concentren y comprendan por completo los detalles mentales de entrenar el desempeño, y ese grupo era igual. Terminaron su primer día más relajados que atentos.

¿Sabes qué exige atención? Un oso grizzly corriendo hacia ti. Para parafrasear al autor británico del siglo XVIII Samuel Johnson, la mente se concentra de maravilla.

El día dos empezó con un paseo por un sendero donde les dijimos a los atletas que pronto se embarcarían en una caminata de once kilómetros. Pero primero, ¿podrían tomar un poco de tiempo para escribir sobre su experiencia del día anterior? Sacaron sus diarios y empezaron a garabatear, cuando de pronto un "guardaparques" llegó corriendo por el sendero hacia nosotros gritando "¡Oso! ¡Oso!". (Estábamos en una propiedad privada, no un parque nacional, con total conocimiento y consentimiento del dueño. No sé cómo estén entrenados los guardaparques reales para reaccionar al ver un oso grizzly, pero ojalá no sea correr hacia la gente mientras gritan histéricos.) Unos once metros detrás del guardia ficticio venía trotando Bart el Oso II.

Como cualquier buen actor, Bart se detuvo donde estaba su marca, en este caso un pequeño trozo de línea de pescar roja atada cruzando el sendero, a unos dos metros de nuestro grupo. Tras lo cual se levantó sobre sus patas traseras y soltó un rugido aterrador de grizzly.

Uno nunca sabe cuál de las tres opciones —pelear, huir, paralizarse— va a elegir el cuerpo cuando se enfrenta con un peligro primitivo. Entre nuestros nueve atletas de ese día, uno se tiró al piso y gritó, un par empujó a otro colega entre ellos y Bart (¿pelear, huir, paralizarse o el amigo inservible?), y unos cuantos se echaron a correr... en direcciones opuestas. Misión cumplida: teníamos toda su atención. Estos atletas de élite podrían haber pensado que ya habían quedado inmunes a sus respuestas de estrés, pero la carga de Bart disipó esa fantasía. Acababan de experimentar la madre de todos los escenarios de estrés y ahora estaban, una vez que sus latidos volvieron a la normalidad, listos para revisar sus reacciones, aprender a controlarse mejor y reforzar su fortaleza mental. Los atletas conocieron al entrenador de Bart, se tomaron selfis con esa gran bola de pelo y luego nos pusimos a trabajar en aprender y practicar técnicas de tolerancia al estrés.

¿Qué es la fortaleza mental?

Cuando escuchas el término *fortaleza mental*, ¿en qué piensas? ¿Cómo se lo explicarías a alguien? Aplomo o permanecer tranquilo bajo presión, confianza, compostura, enfoque: todos descriptores precisos que he escuchado y que suman a la capacidad de manejar y mitigar la respuesta humana de estrés como pelear, huir o paralizarse. El problema con estas palabras es que todas describen un estado final, pero no cómo llegaste ahí. Si te pido que describas la fortaleza física, probablemente podrías describir el estado final (fuerza, resiliencia y demás), así como el camino para llegar ahí (entrenamiento riguroso, ejercicio, esfuerzo). Sabes qué hacer. ¿Qué hay de la fortaleza mental? ¿Cuál es el entrenamiento y el ejercicio para conseguirla? Además de que te persiga un oso.

Todas las personas experimentan estrés. (Técnicamente, lo que experimentamos son estresores, los cuales llevan a la respuesta humana de estrés. Estresores + respuesta humana de estrés = estrés.) La excelencia proviene de qué tan bien reaccionas a él, cómo mantienes tu capacidad de pensar claramente, tomar decisiones y actuar. Son los cimientos del desempeño de élite, pero quienes se desempeñan a este nivel no nacen con esta capacidad. Los mejores atletas, artistas, personas de negocios, líderes y soldados empiezan con la misma respuesta innata al estrés que todos tenemos, pero conforme crecen, buscan ayuda y practican cómo superarlo.[2] Cuentan con el apoyo de padres, entrenadores, mentores y pares, y tienen muchas oportunidades de desempeñarse desde corta edad, cuando aprenden a superar (o doblegarse) ante la presión y mejorar su forma de gestionarla. Eligen la inoculación del estrés, la mayoría sin intención, mediante prueba y error.

Muchos de nosotros no tenemos el beneficio de tal tutelaje y práctica, sin mencionar un campamento de verano que programe actividades como ser correteado por un oso grizzly, patear la pelota, artes y manualidades, y arquería. Aun así, podemos aprender cómo manejar de mejor forma la respuesta humana de estrés; podemos practicar la fortaleza mental. Este capítulo incluye una serie de ejercicios que te ayudarán a gestionar mejor tu respuesta humana a los estresores para que puedas recurrir a tu fortaleza mental cuando aparezcan escenarios estresantes.

Originalmente desarrollé el marco de estos ejercicios para los Seals y los volví parte del entrenamiento en BUD/S para todos los candidatos. En aquel entonces sólo teníamos cuatro ejercicios (Establecer objetivos/Segmentar, Visualización, Control de estímulos y Diálogo interno) y los llamábamos "Los 4 Grandes". Con el tiempo he añadido varios ejercicios más a partir de mi trabajo con miles de líderes de negocios, rescatistas y atletas de élite. A través de la comprensión y la práctica de estos ejercicios, aprenderás a manejar el estrés e incluso volverlo una ventaja. Incluyen:

- Visualizar
- Planear para contingencias
- Tener autoconsciencia
- Respirar 4444
- Girar el regulador de luz
- Segmentar objetivos
- Contrarrestar creencias fijas
- Usar la caja negra
- Desempacar la caja
- Acordarse del equipo

Las consecuencias de no aprender cómo manejar el estrés pueden ser terribles; muchas veces no se trata sólo de perder un partido o salir mal en un examen. John Marx fue policía durante veintitrés años, de los cuales pasó diecinueve como negociador de secuestros en el equipo SWAT y experimentó mucho estrés y traumatismo en ese tiempo. "Fui patrullero y detective, y estuve en muchas redadas de SWAT", me dice. "Vi muchas muertes, asesinatos horribles y otras tragedias humanas. No estaba equipado para manejarlo todo. Me habían martilleado técnicas de control de arresto, tiro y conducción, pero todo eso era acondicionamiento físico. Me evaluó un psicólogo cuando me uní a la fuerza y ésa fue la única vez. No existe un sistema de apoyo mental y nos daba miedo pedir ayuda porque era como reconocer una debilidad.

"Aprendimos que la forma de manejar el estrés era beber. Había ocasiones después de un turno en que nos íbamos al bar, bebíamos y hablábamos de nuestro día. Bebíamos intencionalmente para ahogar el pensamiento. Yo también tomaba demasiado para sobrellevar el estrés. Se volvió mi mecanismo de supervivencia.

"Después de retirarme de la fuerza, uno de mis amigos se suicidó. Yo también lo había considerado; hubo varios momentos oscuros en mi carrera que tuve que suprimir. Cuando mi amigo se quitó la vida, empecé a hablar de suicidio con mis colegas y me enteré de que no era algo inusual. Entonces pensé, tengo un poco de experiencia de vida, puedo hacer algo al respecto". John fundó el Instituto de Supervivencia de la Policía para promover el bienestar, la resiliencia y la efectividad de las autoridades, otros rescatistas y sus familias. Se encontró un artículo en una revista que trataba sobre las tácticas que empleábamos con los Seals y me llamó. Desde ese momento hemos trabajado juntos en seminarios y en otras iniciativas destinadas a ayudar a los oficiales de policía a manejar el estrés inherente a su trabajo.

Éste es un crudo ejemplo de lo que puede ocurrir cuando las personas no se encuentran preparadas para manejar el estrés de su desempeño. No obstante, hay ejemplos más pequeños, más mundanos de los efectos persistentes del estrés diario a nuestro alrededor. Las técnicas que describo en este capítulo están diseñadas para ayudar a mitigar los efectos en tiempo real de la respuesta humana de estrés con el objetivo de mejorar el desempeño. No son suficientes, sin embargo, para ayudar a la gente a sobrellevar efectos más severos de estrés, del tipo que John Marx describe que experimentaban sus compañeros policías. Eso requiere de otros tratamientos de salud mental.

Pelear, huir o paralizarse

Vuelve la mirada a tiempos prehistóricos e imagina un tigre dientes de sable que carga contra un par de cavernícolas. El cavernícola Pedro observa como la bestia corre hacia él y analiza con cuidado sus opciones. El cavernícola Pablo grita. Pedro, el pensador, es devorado por la bestia y se convierte en la figura central de un funeral de los *Picapiedra*. Pablo, cuyo pensamiento pasa a segundo plano frente a la acción, sobrevive el ataque y tiene la oportunidad de pasar sus genes a las siguientes generaciones. Él desarrolló lo que hoy llamamos el eje hipotálamo-hipófisis-suprarrenal (HHS), fulcro de la respuesta humana de estrés. Si bien admiramos a Pedro, descendemos de Pablo.

El eje HHS es un sistema del cuerpo que detecta el peligro inminente y libera hormonas para preparar nuestra respuesta. Abarca el hipotálamo (en la base del cerebro), la glándula hipófisis (localizada bajo el hipotálamo) y las dos glándulas suprarrenales (que descansan encima de los riñones). El hipotálamo se comunica a lo largo del cuerpo vía el sistema nervioso, controlando cosas como la respiración, el ritmo cardiaco y la dilatación o constricción de los vasos sanguíneos y las vías respiratorias en el pulmón. Cuando el cuerpo humano experimenta estrés, como un oso que ataca o una pregunta difícil en una entrevista, el hipotálamo se pone a trabajar. Suelta hormona liberadora de corticotropina (CRH, por sus siglas en inglés), para notificar al sistema nervioso de un peligro inminente y señalar a la glándula hipófisis que empiece a bombear hormona adrenocorticotropa (ACTH, por sus siglas en inglés) al torrente sanguíneo. La ACTH fluye hacia las glándulas suprarrenales y les ordena empezar a secretar un coctel de estrés con cortisol, adrenalina y otras hormonas hacia el torrente sanguíneo. El sistema nervioso simpático ahora está en alerta total. Esto sucede rápidamente, más rápido de lo que el cerebro puede procesar lo que ve y escucha. El cuerpo actúa sin pensar.

Tal es la fisiología de la respuesta de estrés. Involucra un montón de cambios físicos y cognitivos. El ritmo cardiaco aumenta para mejorar la aportación de oxígeno a los músculos y los órganos. Los vasos se constriñen para que la sangre se quede dentro de los órganos vitales (el cavernícola Pedro puede perder un brazo frente al tigre dientes de sable y no desangrarse tan rápido). La presión sanguínea aumenta. Las pupilas se dilatan para permitir que entre más luz y la visión sea mejor. Se abren las pequeñas vías respiratorias (bronquiolos) en los pulmones, y dejan entrar más oxígeno. Los sentidos se agudizan y se libera azúcar y grasas adicionales hacia el torrente sanguíneo para incrementar la energía. Los músculos se tensan, la respiración es más rápida y superficial, y el sudor y las lágrimas comienzan a fluir. La digestión se desacelera; ¿por qué preocuparse por ella cuando estás frente a un grave peligro? (Robert Sapolsky, un prominente investigador de estresores y de la respuesta de estrés, comenta que "si hay un tornado arrancando la casa, no es el momento de volver a pintar el garaje... Tienes cosas más importantes que hacer que digerir el desayuno cuando estás intentando no convertirte en el almuerzo de alguien".)[3]

De manera más crítica, las funciones ejecutivas en el lóbulo frontal del cerebro disminuyen. Nuestra capacidad superior para resolver problemas, emitir juicios y tomar decisiones queda impedida. Es más difícil concentrarse y recordar cosas, los pensamientos se agolpan y las cosas son más confusas. Pensar toma tiempo, un bien preciado cuando enfrentas un peligro inminente. El HHS de tu cuerpo quiere que actúes, no que pienses.

Todo esto era de inmensa utilidad cuando pelear, huir o paralizarse eran las únicas opciones que nuestros ancestros tenían frente al peligro y un segundo de vacilación podía hacer la diferencia entre la vida y la muerte. Hoy, sin embargo, suele ser un estorbo. En las situaciones estresantes de la actualidad, necesitamos pensar y analizar al vuelo, algo difícil de hacer sin nuestro lóbulo frontal. Podríamos necesitar nuestras habilidades motoras finas en las extremidades, algo más difícil de conseguir con menos flujo sanguíneo. Por ejemplo, las capacidades centrales de los Seals son sus habilidades para disparar, moverse y comunicarse. Todas se ven comprometidas por la respuesta humana de estrés.

Aunado a ello, hay un montón de estresores más de los que solía haber. Las vidas de nuestros ancestros eran aburridas en comparación con lo que experimentamos hoy en día. Claro, tal vez había ese ocasional tigre dientes de sable merodeando por ahí, pero no había tráfico en el trayecto de la cueva a la cacería y los campos de recolección, ni había jefes pidiendo una revisión de 360 grados de cómo aventaste esa lanza o creaste fuego. La respuesta humana de estrés se enciende mucho más ahora que antes. Como señala Robert Sapolsky, cuando nos estresamos por cosas como hipotecas, relaciones o promociones, "activamos un sistema fisiológico que ha evolucionado para responder a emergencias físicas agudas, pero que se mantiene encendido durante meses".[4] Dominar la respuesta no es sólo importante para el desempeño; también puede ser vital para la salud.

Pienso en la respuesta de estrés como una serie de fichas de dominó paradas en hilera. Cuando una situación estresante hace que el hipotálamo entre en acción, es como tirar la primera ficha. Todas las demás, desde la liberación de cortisol y adrenalina, hasta los efectos físicos y cognitivos complementarios, seguro caerán poco después de la primera, a menos de que la reacción en cadena se detenga de alguna manera. Es lo que hace la inoculación contra el estrés: cada una de estas prácticas te ayudará a detener la caída del dominó.

Visualizar

Joe Maroon es alguien con un desempeño de clase mundial que ha trabajado con cientos de personas al mismo nivel. Joe creció en Bridgeport, Ohio, un gran atleta en un pueblo chico. No el más grande, sin embargo; entre sus amigos más cercanos estaban Phil Niekro y John Havlicek, ambos terminarían convirtiéndose en atletas del Salón de la Fama, Phil en beisbol y John en basquetbol. Los tres jóvenes jugaron beisbol juntos y ganaron el campeonato estatal en su último año de preparatoria, y Joe representó a su estado en futbol americano y beisbol.

(Su amistad con Phil y John ayudó y a la vez perjudicó la carrera deportiva de Joe. Jugó de jardinero central en el equipo de beisbol, una tarea fácil con Phil como pícher y John como parador en corto. "Yo hacía muy poco". Cuando Joe y John se presentaron ante los reclutadores de futbol americano en la Universidad Estatal de Ohio, sin embargo, el legendario entrenador Woody Hayes pasó su brazo por los hombros del altísimo John y procedió a mostrarle personalmente el campus. Joe, más bajito —1.67 metros de estatura frente a 1.98 metros de Havlicek— se quedó solo.)

Joe asistió a la Universidad de Indiana con una beca de futbol americano, donde estudió medicina y se embarcó en una exitosa carrera como neurocirujano. Sufrió una fuerte crisis de la mediana edad a inicios de sus cuarenta, cuando su padre murió repentinamente y su matrimonio terminó, lo que lo incitó a dejar la medicina y mudarse de vuelta a Ohio, donde se quedó un año para ayudar a su madre a manejar el parador de carretera que su padre les había dejado.

Para atender la subsecuente depresión de Joe, un amigo le sugirió que corriera. Su primer trote duró una milla, después juró que nunca más lo volvería a hacer. Pero Joe durmió bien esa noche por primera vez en meses y ése fue el gancho. Desde entonces, ha terminado ocho Ironmans (cinco en los campeonatos mundiales de Hawái) y ahora compite en triatlones y suele ganar en su categoría. (Dado que Joe ya tiene más de ochenta años, ¡a veces es el único competidor de esa edad!) La actividad física ayudó a Joe a salir del hoyo. Volvió a Pittsburgh para retomar su carrera, y en 1982 empezó a trabajar con los Acereros de Pittsburgh como uno de los médicos del equipo.

(Su labor con los Acereros, lo volvió experto en la evaluación y el tratamiento de conmociones. En 2012 nos presentó un colega mutuo y Joe me ayudó a desarrollar protocolos proactivos para tratar conmociones para los Seals.)

Uno de los atletas con los que Joe trabajó fue el receptor estrella de los Acereros, Lynn Swann, que estaba en su última temporada de la NFL cuando se unió al equipo de Joe. Lynn formó parte de cuatro equipos ganadores del Súper Tazón, fue el jugador más valioso en el Súper Tazón de 1976 y se le incluyó en el Salón de la Fama del Futbol Americano Profesional en 2001. Una de las piezas clave para el éxito de Lynn, me cuenta Joe, fue su capacidad de visualización. "Lynn era un maestro de la imaginación", dice Joe. "Yo me sentaba junto a él de camino a un partido y en los vestidores, y lo veía visualizar una jugada una y otra vez. Podía ver el balón girando y ver las agujetas dando vueltas cuando lo atrapaba, lo sentía en las manos y sentía cómo se iba a mover y girar para atraparlo. Reproducía constantemente en su cabeza cómo se iba a mover, hasta que estaba por completo integrado".

Visualización es la forma común para describir lo que Lynn estaba haciendo, pero él estaba haciendo más que sólo ver la jugada. La estaba experimentando en su cabeza con sus cinco sentidos: vista, oído, olfato, gusto y tacto. Los investigadores lo llaman imaginería motora cinestésica (IMC); es parecido a ponerse un visor de realidad virtual y jugar un juego, fuera de que, en lugar de emplear sólo dos sentidos (la vista y el oído), usas los cinco. Crea un programa motor en el sistema nervioso central, el cual engaña a tu cerebro para que crea que el evento que estás visualizando en realidad está sucediendo. El cerebro no distingue la diferencia; lo cableas para el éxito, así que, para cuando llegas al evento real, sientes que ya estuviste ahí. Cuantiosos estudios han demostrado su eficacia, sobre todo en deportes.[5] Practicar la sensorización (o IMC) es una forma de inoculación del estrés: las primeras veces que experimentas algo puede ser estresante, pero hacerlo unas cuantas docenas más se vuelve algo gastado, y de tanto gastarlo ya no provoca tanto estrés.

Alex Myers, el competidor de deportes electrónicos, juega en arenas virtuales, pero cuando lo hace, muchas veces está frente a un público real, en ocasiones ante miles de personas, con su contrincante sentado en una consola justo a su lado. Como cualquier ejecutante, Alex siente mucha ansiedad antes de un juego. "Estamos sentados juntos, así que sientes la intensidad de tu oponente", dice. "Lo que realmente me ayuda es visualizar con los cinco sentidos. Veo la multitud, la escucho, la siento. Antes de entrar a una competencia, encuentro fotos de la arena, luego visualizo estar ahí y escuchar el ruido de la gente. Hacerlo ha cambiado muchas cosas para mí. Tengo más control".

Alex me contó de una competencia a la que asistió en el centro de convenciones de Toronto. "Solía dejar que el ruido del público me afectara. No visualizaba antes, así que, cuando llegaba, me sacaba de concentración. En esa competencia en Toronto, pasé tiempo visualizando a la multitud, viendo el interior de la arena, sintiéndolo. Cuando llegué ahí, tenía mucha claridad. Estaba enfocado, conectado, insensible a los elementos externos. Estaba realmente en el juego".

Investigadores han desarrollado un modelo llamado PETTLEP,[*] propuesto por primera vez en un artículo de 2001, para ayudar a la gente a practicar la IMC.[6] Se traduce en:

- Físico: volver la imaginería tan física como sea posible. No sólo imagines los movimientos, hazlos. Si es posible, ponte la misma ropa que usarás en tu ejecución y usa los mismos objetos (por ejemplo, una raqueta de *pickleball*).

---

* Acrónimo de *Physical, Task, Timing, Learning, Emotion, and Perspective* (Física, tarea, tiempo, aprendizaje, emoción y perspectiva). *(N. del E.)*

- Ambiente: intenta recrear el ambiente donde ocurrirá la ejecución, ya sea físicamente o en tu cabeza.
- Tarea: sé realista al recrear la tarea a realizar; si tu meta es ganar tu partido de tenis el fin de semana, no visualices ganar Wimbledon.
- Tiempo: visualiza la ejecución mientras sucede en tiempo real (aunque la cámara lenta también podría ser útil).
- Aprendizaje: incorpora aprendizaje y mejoras a la práctica. No visualices cómo te desempeñaste la última vez, sino cómo lo harás conforme te vuelvas mejor en ello.
- Emoción: sé honesto sobre tus emociones durante la visualización; intenta sentir los altibajos de la ejecución real.
- Perspectiva: la gente suele elegir una perspectiva de primera persona cuando visualiza (cómo lo verás durante la ejecución), aunque también puede ser útil usar la tercera persona.

Si tienes una presentación importante en puerta, primero practícala físicamente. Párate y habla, igual que lo harías en la sala de juntas. Encuentra una sala vacía (cuanto más se parezca en distribución y diseño al espacio real donde tendrás tu junta, mejor) y haz tu presentación tal y como planeas hacerla frente a otros más adelante. No sólo pongas atención a cómo lo haces, sino a cómo te sientes. ¿Qué ves, escuchas, sientes? Luego, más tarde, tal vez de camino a casa o mientras te relajas, cierra los ojos y repásala de nuevo. Escúchate decir las palabras, escucha las preguntas de la gente y ve sus reacciones, observa y huele la sala, siente tus pies en el piso o cómo la silla toca tu espalda. Deja que las emociones del éxito te inunden. Codifica tu cerebro para el éxito, y así, cuando la presentación real llegue, estarás listo y relajado.

La visualización es una gran herramienta de inoculación del estrés antes de una competencia, pero a mis clientes también les recomiendo que la usen como una forma de integrar elementos positivos después de la ejecución o después de la práctica. Mi regla es 2x: después de una ejecución o práctica, visualiza tu desempeño en tu mente por lo menos dos veces para dejarla marcada en tu cerebro. Es el equivalente a practicar o realizarlo tres veces, no sólo una.

Esto no sólo se puede aplicar después de una práctica o después de una ejecución, sino en la vida diaria. Cuando dormimos, nuestro cerebro consolida nuestros recuerdos del día. Cuando se preparan para dormir, muchas personas piensan en las cosas que tienen que hacer al día siguiente o repasan algo que salió mal o los está molestando. ¿Preferirías que tu cerebro rumiara esos sentimientos negativos las siguientes ocho horas o unos más positivos? Cada noche, cuando estoy listo para acostarme, recuerdo algo bueno del día: ¿Qué sucedió? ¿Cómo se vio, sonó y se sintió? Podría ser una buena conversación con uno de mis hijos o una sesión especial con un cliente, o una conferencia que di y le gustó al público. Ya se volvió parte de mi rutina nocturna: lavarme los dientes, ponerme la piyama, besar y abrazar a mi esposa, y visualizar. Permitir que todos los aspectos de esa experiencia positiva se asienten en mi cerebro, y tener ocho horas extra de práctica.

Penelope Parmes, la abogada y campeona de baile de salón que conocimos en el capítulo 5, ya practicaba la visualización mucho antes de que empezáramos a trabajar juntos. "Tenía un trabajo de tiempo completo e iba a la escuela de derecho en la noche", recuerda. "Cuando llegaba a casa, repasaba la clase en mi mente y hacía mis notas. De esa manera, todo corría por mi cabeza mientras dormía. Era una manera de convertir el sueño en un arma".

Penelope hace lo mismo en la actualidad, pero ahora son coreografías lo que repasa, no litigios ni contratos. "Después de una lección de baile, llego a casa y visualizo todo. Estoy en mi cuerpo mientras hago la visualización tratando de sentir lo que se supone que debo hacer. Aíslo los momentos en que sale bien; mi maestro los llama los momentos de oro. En la noche, ya en la cama, repaso los momentos de oro, así que me quedo dormida con una mentalidad positiva. Me siento moverme, mis piernas saltan, la cadera brinca. Siento la habitación, la temperatura, la luz, el piso, el aire, los olores. Lo siento todo, lo huelo todo, lo escucho todo en mi mente.

"Después de hacer mi visualización de la clase, siempre hago una meditación de gratitud. Repaso el día, tomo el tiempo para estar agradecida por lo que hago, por quien soy. Visualizo algo que salió bien. Podría ser sólo una cosita, ¡como haber hecho por fin un doble giro de la manera correcta! Visualizo ese momento de oro con pensamientos positivos". Esta práctica le ha dado a Penelope una paz mental tremenda en su forma de abordar las competencias. "Ha hecho toda la diferencia del mundo para mí. Me aporta una mentalidad segura porque me siento preparada".

Planea para las contingencias

Ian Walsh prácticamente nació arriba de una ola. Hijo de un recolector de caña y una maestra de escuela, Ian creció en Maui, Hawái, practicando todos los deportes que juegan los niños, pero cuando probó el surf por primera vez, quedó enganchado. En un momento un tanto fortuito, fue más o menos cuando la familia Walsh se vio obligada a mudarse y el único lugar que pudieron encontrar estaba a meros pasos de una playa al norte. El joven Ian llegaba todos los días de la escuela, aventaba sus libros, agarraba su tabla y se iba a sortear las olas. La única regla que tenían sus papás era que tenía que estar en casa cuando oscureciera tanto que los postes de luz empezaran a encenderse. Cuando regresaba a su casa, recogía los libros. Molesto por el estereotipo del surfero tonto, como Spicoli, Ian juró en la secundaria que sacaría puros dieces y se graduaría como el primero de su clase en la preparatoria. (Jeff Spicoli es un personaje interpretado por Sean Penn, un tipo surfero y marihuano que se roba todas las escenas en la película *Picardías estudiantiles* de 1982. Para pasarla bien sólo necesita unas ricas olas y un buen pasón.)

Ahora Ian vive de surfear grandes olas en lugares con nombres como Jaws (Maui), Mavericks (norte de California) y Praia do Norte (Nazaré, Portugal). Nos conocimos en 2016 y hemos trabajado juntos en su mentalidad para un desempeño de alto nivel y sus tácticas mentales desde ese entonces.

Podrías pensar que es aterrador pararse en una tabla de surf y bajar por la pared de una ola de veintiún metros, y tendrías razón. Una forma de controlar ese miedo no es pensar en que todo va a salir bien, sino prepararse para lo que podría salir mal. Ian es un maestro para hacer planes de contingencia. "Los días de grandes olas monumentales no son muy frecuentes, no puedo controlar eso", dice. "Contar con un buen oleaje y con buenas condiciones... hay sólo un pequeño lapso de tiempo en que todo se conjunta. Cuando tengo esa oportunidad, quiero estar en el agua para sacarle todo el provecho. ¿Qué pasa si me parto la cara y pierdo mi tabla en las rocas? Tengo que estar listo para eso. ¿Qué pasa si hay problemas con el Jet Ski? (A los surferos de olas grandes muchas veces les dan un aventón en un Jet Ski, manejado por un experto, para alcanzar una ola que se mueve muy rápido.) Busco cualquier hueco posible en el proceso e implemento un sistema que me permite permanecer en el agua cuando aparecen obstáculos. Es una progresión que hago para encontrar los problemas potenciales y estar preparado para solucionarlos. Después de que termina un día de surfeo, observo qué me consumió mucha energía mental y lo atiendo".

Ian estaba haciendo una película en enero de 2016. Ese día las condiciones eran casi perfectas. "¡Parecía que iba a ser el mejor día que había visto! Estaba ahí afuera con mis tres hermanos, y uno de ellos, D. K., se cayó. Fue un accidente serio. Lo pusimos a salvo en el canal de la marea y tuvimos que cortarle el traje. No sentía nada y nos preocupó que se hubiera roto el cuello".

Por fortuna, Ian y su equipo habían hecho un plan para algo así. "Teníamos todo listo y preparado para llevarlo a salvo a la orilla y al hospital". De la ambulancia avisaron que D. K. estaba bien, así que Ian volvió a las olas y resultó ser uno de los mejores días que había tenido. Para Ian, hacer planes de contingencia es un componente clave del manejo del estrés. "Nada sale como lo piensas. Yo tiendo a operar a un nivel más alto cuando sé que puse todos los puntos a las íes. Entonces me puedo enfocar nada más en mi desempeño".

Para disminuir el estrés, estudia todo detenidamente y ten un plan para lo que pueda salir mal, porque las cosas van a salir mal. Ten un plan A, un plan B, incluso un C o D. Es sentido común cuando enfrentas situaciones de vida o muerte, como surfear un edificio de agua que se está moviendo, pero es igualmente importante y efectivo para lidiar con cualquier situación estresante.

Por ejemplo, no soy surfero de olas grandes, pero con frecuencia me desempeño en una actividad que es igualmente aterradora para muchas personas: hablar en público. Para tranquilizar las mariposas en el estómago cuando planeo una conferencia, pienso qué haré si las pantallas no funcionan o mi computadora se descompone. ¿Y si falla el micrófono? ¿Y si me levanto esa mañana con dolor de garganta? Tal vez estos escenarios no sean tan graves como que un ser querido se estrelle y se lastime en una ola gigante, pero en el momento pueden ser igual de estresantes. Para mitigar el estrés, imagino las cosas malas que pueden pasar y planeo cómo responder a ellas. ¿Qué haré si tengo que dar la conferencia sin diapositivas o sin micrófono? ¿O si tengo que hacer más pausas para tomar té? ¿Qué pasa si pierdo la conexión de mi vuelo cuando esté viajando para allá? ¿Cuál es el plan B? ¿Y si eso no funciona? ¿Cuál es el plan C? Estos escenarios son estresantes cuando los imaginas y planeas alrededor de ellos, pero son todavía más estresantes sin un plan. Pararte en un escenario enfrente de un cliente y que tus gráficos no se muestren o tu apuntador deje de funcionar disparará una respuesta humana de estrés tan grande como la que provocó Bart el Oso II. Desarrollar, practicar y visualizar múltiples planes de contingencia ayuda a neutralizar esa respuesta de estrés en el momento y aporta una sensación mucho mayor de control y seguridad.

Pete Naschak, Seal retirado, subraya la importancia de ser honesto contigo mismo cuando planeas para una contingencia. "Gran parte del tiempo la gente planea para la perfección y para que todo salga bien", dice. "Yo pienso básicamente lo opuesto, en todas las cosas que pueden salir mal. A veces tus capacidades te fallan o tienes mala suerte, ¿y entonces qué? La única forma de prepararte para eso es imaginarlo y hacer planes acorde. ¿Y si me disparan en la pierna? Me imagino cómo se sentiría. Probablemente será peor de lo que imagine, pero me esfuerzo mucho por sentirlo realmente. Las cosas pueden salir mal; el enemigo siempre tiene algo que opinar. Me ayuda a crear un contexto y programarme para una recuperación rápida de esa reacción inmediata de pelea, huida o parálisis. Se vuelve automático, me lleva a un lugar donde puedo pensar, asentarme y ponerme en marcha otra vez".

Pasa tiempo suficiente en tu planeación contingente y desarrollarás algo llamado automaticidad, que es la capacidad de hacer algo automáticamente, sin pensar. Cuando andas en bicicleta no piensas cómo hacerlo, sólo lo haces. Eso es automaticidad. No es tan efectiva para crisis que se dan a un paso lento: cuando tu computadora falla mientras estás trabajando en una entrega o cuando tienes una discusión con un colega, tienes unos cuantos momentos para pensar qué hacer. Pero en otros espacios, se traduce en algo de vida o muerte.

Anthony Oshinuga es un piloto acrobático con quien empecé a trabajar en 2018. Compitió con su avión en una caja imaginaria de novecientos metros por cada lado, manteniéndose a un mínimo de doscientos metros del suelo. Mientras se precipitan con varios giros y vueltas, los pilotos pueden experimentar enormes fuerzas G en su cuerpo, así que, al inicio de su carrera competitiva, Anthony pasó mucho tiempo visualizando cómo se sentiría e hizo planes para lo que pudiera pasar si se desmayaba por lo que se conoce como pérdida de la conciencia inducida por fuerzas G. También se prepara para todas las demás cosas que puedan salir mal.

"Es un juego de números, todo sobre manejo de la energía y preparación vertical", dice Anthony. "Cada maniobra pierde una cierta cantidad de altitud. Calculo la altitud que se gana y que se pierde en cada maniobra, luego visualizo qué sucedería si tuviera un fallo de emergencia". Anthony tuvo que poner a prueba su plan de contingencia hace unos años, cuando estaba entrenando para un espectáculo aéreo en Coolidge, Arizona. "Estaba practicando una barrena plana y de pronto había humo en la cabina. Apenas podía ver, no podía ver el suelo. Neutralicé los controles, abrí la tapa de la cabina para que saliera el humo y luego sentí algo caliente. Era aceite del motor, corriendo por mi pierna".

Por fortuna, Anthony ya había hecho planes una y otra vez para justo este momento, así que reaccionó automáticamente cuando llegó el momento. Recuperó el control del avión y aterrizó sano y salvo. "No podía sacar una lista de cosas que hacer, no tenía tiempo para pensar. Cuando te pones a pensar te mueres".

Sé consciente de ti mismo

Vive este momento. Enfócate. Quédate en el presente. Estoy seguro de que has escuchado estas máximas y muchas más similares. El problema es que la vida no es tan simple. Mientras que sería bonito sentir el peso de un único elemento estresante en nuestra mente, la mayoría de la gente por lo menos tiene varios. Cuando Anthony Oshinuga se prepara para desafiar a la muerte haciendo sus giros y espirales en el cielo, su mente puede distraerse pensando cómo su portafolio de inversiones está siendo aplastado en la recesión de la bolsa o qué comprarle a su mamá de cumpleaños. Cuando yo me preparo para dar una conferencia, en un rincón de mi mente a veces me preocupa cómo le fue a mi hijo en su examen ese día o una conversación no tan buena que tuve con mi esposa el día anterior. La excelencia requiere concentración, la capacidad de dejar todas estas inquietudes de lado y enfocarte por entero en la tarea a realizar. Cualquiera que lo haya intentado sabe que no es algo fácil. La vida se interpone.

Para evitar que la vida se te atraviese, atiende cada una de estas distracciones directamente. Haz una evaluación de "autoconciencia". Revisa todas tus circunstancias —yo las llamo signos vitales del desempeño mental— y observa cualquier cosa que podría estar afectando tu capacidad de desempeñarte al máximo. Si puedes, hazte cargo. Lo más probable es que no sean cosas que se puedan resolver con facilidad, pero por lo menos puedes decidir pensar en ellas más tarde o recordarte el plan que ya hiciste. Esto te ayudará a alejar las distracciones y prevenir que se cuelen en tu ejecución.

Sé honesto y objetivo contigo mismo. ¡No ayuda que disfraces las cosas! Es como tener un montón de ventanas abiertas en tu computadora, tu teléfono o tu tableta. Pueden ser un gran distractor, ¿cierto? Y seguro también está mermando tus dispositivos. Revisar tu lista de signos vitales del desempeño mental es parecido a ir ventana por ventana y pestaña tras pestaña, y cerrar las que no necesitas. Libera tu procesador para trabajar en lo que sí es vital.

Enumero ocho categorías distintas que examinar en tu revisión de autoconsciencia:

- Vida: Finanzas, carrera y el bienestar de tus seres queridos.
- Sueño: ¿Estás durmiendo lo suficiente?
- Clima: ¿Cuál es la vibra en tu oficina o en tu hogar?
- Salud: ¿Cómo estás? ¿Cualquier asunto inmediato? ¿Malestares, dolores de cabeza, etcétera?
- Estado de ánimo: ¿Estás en el cielo, molesto o en algún punto intermedio?
- Sustancia: ¿Qué tal está tu consumo de alcohol, cafeína u otras sustancias?
- Concentración: ¿Te puedes enfocar? ¿O tu estado actual es la mente de mono?
- Estrés: ¿Cómo se conjuntan esos factores en este momento? ¿Cuál es el nivel de estrés?

Los pilotos usan una lista de control antes de cada vuelo, igual que muchos Seals con quienes he trabajado. Es una forma de atender todos estos estresores en la vida antes de entrar al evento principal. Revisar los signos vitales no quiere decir que debas encargarte de todos los demás estresores en tu vida, pero la autoconsciencia en sí misma ayuda a mitigar la respuesta humana de estrés. Practica la volición: diseña una rutina para hacer un inventario de tus signos vitales mentales, atiende lo que puedas y deja a un lado todo lo demás por ahora.

Respirar 4444

Doy pláticas ante grupos policiales por todo Estados Unidos y trabajo con varios en programas de desempeño mental, lo cual me ha dado la oportunidad de conocer a muchos individuos impresionantes y dedicados. Encabeza la lista Deena Ryerson, asistente del fiscal general del Departamento de Justicia de Oregón. Deena tiene una historia fascinante: creció en Utah, es hija de padres palestinos que migraron a Estados Unidos desde Jerusalén y asistió a escuelas católicas durante sus años formativos. ("Tengo la piedra angular de la culpa", dice con una sonrisa.) Se mudó a Oregón para sacar su título universitario y decidió estudiar derecho para convertirse en cualquier cosa que no fuera abogada litigante. Empezó una práctica privada después de graduarse y lo odió, pero en algún punto del camino participó en un programa de "fiscal general por un día" y, ¿qué crees? ¡Le encantó! Decidió volverse abogada litigante y trabajar en derecho penal después de todo, y ahora es la única fiscal de seguridad vial en Oregón. Eso significa que aconseja al fiscal general y a los oficiales de policía del estado al procesar crímenes relacionados con vialidad (como conducir bajo la influencia de sustancias y homicidio vehicular involuntario), además de trabajar con legisladores sobre leyes relacionadas con vialidad.

Deena me cuenta de un caso particularmente difícil que atendió, un accidente automovilístico en el que el pasajero murió. El conductor estaba en juicio por conducción peligrosa, manejar bajo la influencia de sustancias y homicidio involuntario. Deena no sólo era asesora en este caso; era parte del equipo del fiscal. El juicio resultó ser muy estresante, con un abogado defensor desafiante y terco, y mucha burocracia de pueblo chico. Cuando llegó el momento de dar su argumento final, Deena estaba lista. También estaba exhausta después de pasar las últimas dos semanas trabajando en el juicio a todas horas del día. En el momento que se levantó para dirigirse al jurado, toda la fatiga y el estrés se le vinieron encima. "Me quedé por completo en blanco", dice. "Miré al otro fiscal y le dije no me acuerdo de nada, no quiero hacerlo, estoy muy cansada". Por fortuna, no era la primera vez que algo así le pasaba a Deena. Era parte de su respuesta de estrés. "Con los años aprendí que eso me puede pasar cuando estoy muy nerviosa".

El siguiente paso de Deena en ese momento de estrés elevado fue algo que escucho de mis clientes todos los días. Respiró. Inhaló cuatro segundos, exhaló cuatro segundos, luego otra vez, otra vez y una vez más. Estas respiraciones profundas, que sólo tomaron un minuto más o menos, restablecieron por completo su cuerpo y su mente. Pararon la caída del dominó. Después se hizo una pregunta muy fuerte: "Cuando esto acabe, ¿de qué te vas a arrepentir?". Su respuesta fue que se arrepentiría de estar tan metida en el miedo que estaba sintiendo en ese momento. Se arrepentiría de dejar que ese miedo le impidiera desempeñarse al máximo de su capacidad. Con esa claridad, respiró hondo unas cuantas veces más y estaba lista.

¿Qué estás haciendo ahora mismo? Respiras. Es lo primero y lo último que haces en la vida, por ello es tan sorprendente que quizá no seas muy bueno en ello. Ah, claro, lo haces lo suficientemente bien para, ya sabes, sobrevivir, pero cuando estás en una situación estresante, todo puede suceder. ¿Cuántos de ustedes aguantan la respiración cuando las cosas se ponen difíciles? Sip, yo también. Es por lo que una de las cosas más efectivas que puedes hacer para combatir la respuesta de estrés es la más simple: respirar profunda y regularmente.

Al inicio del capítulo se trató de lo que sucede cuando un evento estresante activa el sistema nervioso simpático y entra la respuesta humana de estrés. El sistema nervioso parasimpático revierte estos efectos, y empieza a trabajar cuando el momento de estrés pasa para ayudar a que las cosas vuelvan a la normalidad. El sistema simpático es como pisar el acelerador de un automóvil, te revoluciona para estar a la altura del momento. El sistema parasimpático es el freno. Devuelve el ritmo cardiaco a su estado normal, reinicia la digestión y vasculariza el sistema, abriendo los vasos para que la sangre fluya de manera habitual. Respirar profundo es lo que una persona puede hacer en el momento para activar el sistema parasimpático. Es casi como tomar un Valium u otro fármaco que controle la respuesta de estrés bioquímicamente, pero es gratis, de inmediata disposición, de acción rápida y no tiene una lista de efectos secundarios potenciales que incluyan mareo, náuseas y salivación.

Virtualmente toda persona que se desempeñe en un ámbito cualquiera afirma que la respiración profunda es una herramienta primordial para manejar una situación estresante. Las investigaciones muestran que, cuando se practica la respiración profunda, el índice respiratorio ideal suele ser alrededor de seis respiraciones por minuto, o una cada diez segundos. (El índice de respiración normal en reposo para los adultos es entre doce y dieciséis por minuto.) Este índice optimiza la variabilidad del ritmo cardiaco (VRC), es decir, que el tiempo entre cada latido varía (lo cual se puede medir con casi todos los relojes inteligentes). Aunque suena como algo malo ("Espera, ¿quieres decir que mis latidos no siguen un ritmo perfecto?"), de hecho casi toda la gente tiene algún nivel de VRC, por lo general una pequeña fracción de segundo. Un nivel de VRC más elevado se asocia comúnmente con características positivas de salud, como una buena condición física y un reposo y una recuperación adecuados, así como un desempeño más fuerte es indicador de que el sistema nervioso parasimpático está a cargo. Un nivel de VRC más bajo es indicador de que el cuerpo está estresado o quizás enfermo; el sistema nervioso simpático está a cargo. La VRC óptima es relativa —todo mundo es diferente—, pero en general está en un punto medio, no muy simpático, no muy parasimpático, sólo lo justo.[7]

¿Alguna vez has respirado hondo en medio de una situación estresante o un día ocupado? Si es así, ya practicas la respiración profunda. Los suspiros son la forma en que el cuerpo reestablece las emociones y restaura un cierto grado de calma. El problema con la respiración profunda es que, además del suspiro ocasional, nos olvidamos de practicarla. Estamos estresados, ¿recuerdas? Así que, como cualquier otro aspecto del desempeño, necesitas practicarlo hasta que se vuelva algo que hagas naturalmente, casi sin pensar. ¿Eso que hiciste antes que nada en tu vida y que será lo último que hagas, que haces miles de veces al día? Sí, lo tienes que practicar.

Cuando estaba con los Seals empleábamos una rutina de práctica que llamamos respiración 4444: inhalas durante cuatro segundos, exhalas durante cuatro o seis segundos (la exhalación es un poco más larga), durante cuatro minutos, cuatro veces al día. Recuerda, la meta son alrededor de seis respiraciones por minuto. Ahora les indico este ejercicio a todos mis clientes. ¡Ellos incluyen la respiración 4444 en su agenda! Has respirado toda tu vida, pero no así, razón por la que necesitas practicarla hasta que se vuelva una reacción natural al estrés. Tu cuerpo forzará una respuesta veloz de respiración y vasoconstricción, tu mente contrarrestará rápida y automáticamente con respiraciones profundas y vascularización. El equipo de Miami Heat de Erik Spoelstra practica su respiración antes de partidos importantes, como los de las eliminatorias. "Les doy algo en qué pensar", dice, "luego nos sentamos juntos unos minutos y sólo respiramos. Entrenadores, jugadores, todos respiran al unísono. Antes de un juego importante, un partido de mucha presión, se siente un montón de ansiedad. Sólo respirar juntos ayuda". Reduce el estrés antes del juego mientras aporta un mapa para lo que pueden hacer después, cuando el partido se ponga difícil.

Un beneficio adicional de las respiraciones profundas es que te devuelven una sensación de control. El estrés tiende a provocar pensamientos de cosas que *no puedes* hacer. La respiración profunda es algo que *sí puedes* hacer. No puedo pararme ahí y expresar mi argumento final en un juicio, pero *sí* puedo respirar profundamente. La atención se desvía del estresor (el juicio) a la acción (la respiración), que en sí misma reduce el estrés. Las fichas de dominó dejan de caerse y ahora puedes reiniciar el sistema y ponerte a trabajar.

Steve Pitts sirvió en la fuerza policial de Reno, Nevada, durante treintaiún años, los cinco últimos como jefe de la policía. Cuando empezó su carrera en la fuerza, no había entrenamiento mental en absoluto. "Sólo había tipos rudos a la antigua que te formaban con disciplina y mano dura", recuerda. En 2013, dirigí una clase de entrenamiento para Steve y sus oficiales, y de inmediato empezó a aplicar las técnicas de tolerancia a la adversidad que había aprendido. Un escenario donde las encontró particularmente útiles fue cuando tenía que dar consuelo a la familia de un oficial herido o fallecido. Visualizaba la conversación con antelación y practicaba la respiración 4444; a veces detenía su coche a un costado de la calle para prepararse bien. Eran momentos inmensamente importantes. "Al hablar con las familias, lo que digo es sobre ellos y sus seres queridos, no sobre el Departamento de Policía de Reno ni el jefe. Todo lo que hago y hacemos es para ellos, y necesito hacerlo muy bien". La respiración y la visualización ayudaban a Steve a calmarse, preparándolo para hacer lo mejor que podía para las familias.

Joe Maroon, el neurocirujano de Pittsburgh, en ocasiones va más allá de la respiración profunda en un esfuerzo por dominar el estrés. "La respiración profunda es uno de mis rituales en cirugías", dice. "Cuando estoy en el quirófano y las cosas se ponen estresantes, doy un paso lejos de la mesa, me siento y respiro profundo varias veces. Reestablezco mi equilibrio y me enfoco de nuevo". Joe me cuenta de una ocasión así, una cirugía muy delicada en la que estaba trabajando con otro cirujano para retirar un tumor, lo cual necesitó más que respiraciones profundas. "Tenía que mover el nervio facial porque pasaba justo encima del tumor. Es un trozo delgado de espagueti, y si lo dañas, el paciente se queda con una parálisis de Bell para el resto de su vida. [La parálisis de Bell es una condición en que los músculos de un lado del rostro se debilitan, haciendo que ese lado se caiga]. Estábamos en medio de la cirugía y me estresé mucho. Di un paso hacia atrás, respiré profundamente, pero todavía sentía mucha ansiedad. Le dije a mi equipo que necesitaba una pausa. Me fui al gimnasio del hospital, corrí en la caminadora unos cuantos minutos, me bañé, practiqué mis respiraciones y regresé como nuevo".

Joe retiró el tumor sin cortar el nervio en alrededor de veinte minutos. "Sabía que si lo hacía con ansiedad, iba a tener un problema".

Gira el regulador de la luz

Un día, Dave Wurtzel, el exbombero y campeón mundial que te presenté en el capítulo 4 se encontró contra la pared, inmovilizado por una manguera. Estaba trabajando con un equipo subiendo la manguera por la escalera de una estructura en llamas. "Nos habían entrenado para pararnos en un lugar en particular cuando moviéramos la línea", dice. "En esa ocasión, estábamos subiendo la manguera por la escalera. Yo estaba mal posicionado y acabé aplastado contra la pared. Cada vez que movía la manguera, presionaba mi válvula del aire y cerraba mi aire un poco más. Eventualmente la cerró por completo y se me pegó la máscara a la cara. Estaba bien, no era algo peligroso, pero cuando alguien me preguntó después por qué estaba parado ahí, dije que no sabía. Tomé una mala decisión. Fui en contra de mi entrenamiento".

En otra ocasión, Dave subió una escalera que se extendía lejos del camión de bomberos para llegar a un incendio, y cuando estaba hasta arriba se dio cuenta de que había dejado su mochila con el tanque de aire en la calle, junto al camión. "Entrenamos en el verano, cuando estamos a un millón de grados en Filadelfia. Cuando hacíamos prácticas con la escalera, a veces me quitaba la mochila con el tanque antes de subir la rama (la escalera) por el calor. A finales de ese año hubo un gran incendio. Estaba hablando con otro tipo sobre dónde íbamos a poner el camión y la escalera, y luego, cuando estábamos listos para irnos me quité la mochila con el tanque ¡y la dejé en el suelo! Porque así había entrenado en el verano. Estaba reaccionando sin pensar". Igual que esa vez cuando lo aplastó la manguera, todo resultó bien, excepto por la foto que apareció en la primera plana del periódico local al día siguiente, mostrando al valiente bombero Dave Wurtzel colgando del extremo de la escalera sin su tanque. Le fue bastante mal por eso.

Dave atribuye estos lapsos a su rutina predesempeño, o más bien a carecer de una. "Me dejaba llevar por la corriente, sin un proceso para resolver lo que estaba pasando. Me distraían los olores y las alarmas. Hay una alarma que suena cuando enciendes el aire y era mi detonante. Tenía una respuesta de estrés cada que la escuchaba, pero no hacía nada por mitigarla. Mi mente andaba por todas partes, no tenía un ancla. Cuando empezaron a pasar cosas, entré en una modalidad de pelea o huida, y tomé decisiones que no eran muy ventajosas. Estaba en todas partes menos aquí".

Casi todas las circunstancias de tu desempeño están agendadas. Sabes cuándo se levantará el telón. Éste no es el caso con los rescatistas. "No podemos agendar nuestro momento", dice Dave. "Tenemos que desempeñarnos cuando sucede ese momento. Pasamos mucho más tiempo siendo Clark Kent de lo que pasamos como Superman. Lo que haces en la modalidad Clark Kent es lo que te prepara para ponerte la capa. Desear que algo mejore no es un plan, la esperanza no es un plan, necesitas tener un plan". Mi trabajo con Dave implicó desarrollar toda una rutina para su tiempo como "Clark Kent" y un ritual que lo preparara para entrar en acción.

"Una vez que aprendí técnicas de desempeño", dice, "todo empezó a cambiar. Mi rutina me asentó, así que podía ver todo moviéndose alrededor de mí, y podía poner pausa y tomar mejores decisiones al instante".

Los errores que Dave recuerda podrían denominarse como un bloqueo bajo presión. Era un ejecutante muy hábil, pero en el momento de su desempeño cometía errores importantes a pesar de toda su capacidad y su entrenamiento. Sin importar qué tan talentoso y hábil seas, no te desempeñarás al máximo si dejas que los nervios te coman. Podrías bloquearte.

Más allá de su existencia como una queja popular entre los fanáticos ("¡el vago este se bloqueó!"), el término *bloqueo* tiene una definición psicológica formal: el ejecutante quiere hacer algo mejor (motivación) y lo puede hacer mejor (habilidad), pero se queda corto, por lo general a causa del estrés. Todas las técnicas de reducción de estrés incluidas en este capítulo son útiles para disminuir el bloqueo, pero las rutinas para antes del desempeño son de las más poderosas.

Las rutinas predesempeño pueden parecer ridículas, pero de hecho son cruciales para reducir el estrés. Son como subir el regulador de luz, iluminando el cuerpo y diciéndole que esté listo para los estresores que encontrará en el camino. Y así como lo hace un regulador, pueden actuar de manera rápida o lenta, dependiendo de la persona y la situación. Nos podemos *decir* a nosotros mismos que ahí vienen los estresores, que sabemos qué hacer, lo hemos practicado y visualizado hasta el cansancio. El ritual físico nos *muestra* que ahí vienen.

El ritual debería ser algo que puedas repetir antes de cada desempeño (cada día de trabajo, cada junta importante, cada conversación difícil). Puede ser tan sencillo como una comida idéntica (el beisbolista y miembro del Salón de la Fama Wade Boggs comía pollo antes de cada partido), una cierta canción o usar alguna clase de talismán, ese brazalete de la suerte, o una camiseta, o el discurso motivacional de algún líder. El atleta de surf sobre nieve Toby Miller tiene un ritual más complejo que integra otras técnicas de inoculación del estrés. Empieza alejándose del lugar antes de su competencia, dándose espacio para tener un diálogo interno positivo y visualizar. "Es fácil empezar a darle demasiadas vueltas, así que me aíslo y encuentro un lugar tranquilo, incluso si es un baño portátil. Cuando dicen mi nombre, me vuelvo a atar las botas, me cierro los guantes y me pongo mis audífonos, la señal para mi cerebro de que es hora. En el segundo en que escucho la música, todos los nervios y la duda se disipan, y casi siento que tengo superpoderes. Es mi señal para respirar hondo unas cuantas veces, lo que me trae de vuelta al presente. Luego empiezo la carrera y todo se queda en total silencio. No escucho la música, la multitud ni mi tabla en la nieve. Después ni siquiera recuerdo por completo la carrera. Es como si entrara en una realidad alterna durante esos treinta y cinco segundos".

Marcus Luttrell usó su ritual del "regulador de luz" en la situación más estresante posible, una batalla en Afganistán en 2005. Estaba malherido por las balas, tenía la boca deshecha por estrellarse contra una ladera rocosa y sus compañeros estaban muertos. "A veces todavía tengo pesadillas", dice. "Estaba analizando los detalles, metiendo cartuchos (de municiones) en mi camisa para que el enemigo no supiera que estaba ahí. El último que metí estaba pegado a mi cuello. Me tuve que sentar, volver a mi entrenamiento y mi condicionamiento. El problema era que la situación ya había superado mi entrenamiento".

Lo que hizo que Marcus pudiera seguir adelante fue su ritual predesempeño. "Tengo una frase que me engaña para convertirme en esa persona", dice. "Es como mi programación auditiva". El mantra de Marcus:

> *Mil Batallas.*
> *En cualquier momento, cualquier cosa respira o parpadea,*
> *con mis grandes poderes vienen mis grandes responsabilidades,*
> *control diario, ser humilde, trabajar más duro que nadie,*
> *nunca rendirme,*
> *Dios por encima de todos y de todo.*
> *Amén.*

Sentado solo, lastimado, con heridas de bala y desesperado en tierra afgana, con docenas de hombres armados cerca, decididos a matarlo, Marcus recitó su mantra. Luego empezó a murmurar la letra de la canción que cantaba con regularidad a su equipo antes de salir en una misión: "Hell's Bells", de AC/DC. Incluso en ese terrible momento, la rutina antes de su desempeño lo ayudó a restablecerse y subir su regulador interno de luz. Se levantó, se arrastró once kilómetros a través de un terreno difícil y encontró refugio con unos heroicos habitantes amistosos.

Segmentar objetivos

Digamos que tu jefa pasa por tu escritorio un viernes en la tarde. "Hola, feliz viernes", dice con una sonrisa. "¿Ves esa cosa que estás preparando para dentro de dos semanas? ¿Me preguntaba si también podías hacer esta otra cosa que es todavía más difícil y tardada? ¿Y la podrías tener lista para el jueves? No es problema, ¿verdad?".

"Bueno, por supuesto que lo es, miserable tirana", es lo que quieres decir.

"Claro que puedo", es lo que dices.

Tan sólo al escribirlo experimento una pequeña respuesta de estrés. Mis hombros se tensan, mis dedos se equivocan más sobre el teclado. Leerlo podría ocasionarte una reacción similar. Pero cuando la experimentas de verdad, el estrés sí borbotea. De inmediato te enojas, te sientes ansioso y entras en pánico. Pero ya aprendiste cómo ser excelente, así que respiras profundo varias veces para recuperar tu claridad y tu enfoque, y empiezas a analizar la tarea en cuestión. ¡Está pesada! El estrés empieza a subir otra vez. ¿Cómo demonios vas a hacer esto?

En el capítulo 3, hablamos del valor de establecer objetivos. Nos ayudan a mantener el curso hacia la excelencia, y el acto mismo de codificarlos hace que sea más probable materializarlos. Sin embargo, un problema con los objetivos es que pueden generar estrés. Una vez que estableces una meta ambiciosa (o tu jefa la tirana te entrega una), de inmediato te ves enfrentado a la realidad de tener que alcanzarla. Por eso, las personas que se desempeñan al más alto nivel establecen objetivos grandes, pero luego los descomponen en segmentos manejables y los atienden uno a la vez. Esto te ayuda a enfocarte en algo más asequible y controlable, y te ayuda a no sentirte abrumado y estresado por esta ambición mayor.

Segmentar es tan común entre los ejecutantes que es prácticamente un cliché. Piensa en todos los atletas que hablan de hacer las cosas "un partido a la vez". O los programas de bienestar que hablan de perder medio kilo a la semana. Establecer objetivos para ganar un campeonato o ponerte en forma para lucir un traje de baño en el verano puede parecer abrumador y estresante, mientras que sólo tratar de ganar el siguiente partido o perder otro medio kilo no lo es tanto. Una vez logradas, estas metas incrementales (en ocasiones llamadas metas "proximales", a diferencia de las "distales", más intimidantes) construyen confianza, lo cual fortalece la persistencia y la motivación. Son una forma de rastrear el progreso positivo hacia el fin último y ayudan a superar el problema de no saber dónde empezar cuando te enfrentas con un reto mayor. Después de dar el primer paso, el segundo y el tercero se ven mucho más fáciles. La segmentación de objetivos también crea una perspectiva de proceso (los pasos) en el desempeño, en lugar de en el resultado (la gran meta). Después de establecer metas ambiciosas para ti mismo, rómpelas en segmentos más manejables para minimizar el estrés y aumentar la probabilidad de tener éxito.[8]

La segmentación de objetivos no sólo reduce el estrés antes del desempeño, sino en el momento. En medio de una situación estresante, de pronto todo se puede sentir mucho más difícil. ¿Se supone que debo subir corriendo cuatro pisos de escaleras en un edificio en llamas? ¿Se supone que me tengo que parar ahí y hablar durante treinta minutos enfrente de un juez, un jurado y el público? Sí, no, ya me voy. Pero, espera un minuto. Primero, me voy a levantar y voy a respirar unas cuantas veces. Está bien, eso lo puedo hacer. Ahora me voy a acercar al jurado y los voy a saludar. Muy bien, ya está. Luego recitaré la introducción de mi alegato. Si es todo lo que puedo decir, estará bien. Y así.

Establecer metas incrementales o subordinadas complementa la práctica de establecer metas ambiciosas y más amplias. El objetivo ambicioso se necesita para mantener la motivación y la resiliencia. Sin él, rendirse parece una opción muy viable. ¿Para que tanta molestia? Pero si todo lo que tienes es ese objetivo enorme, los fracasos inevitables a lo largo del camino pueden crear un daño irreparable a la moral y la confianza. Por ejemplo, un estudio de 2008 titulado adecuadamente "¿Los ojos en el premio o matarse trabajando?" comparó desempeños en tareas relacionadas con habilidades verbales entre personas que sólo se enfocaban en metas principales, generales (el premio) y en aquellos observando metas subordinadas (el trabajo). El resultado: "los participantes en la condición de meta principal experimentaron una disminución más grande de ánimo y expectativa".[9] Enfocarse sólo en las metas grandes conlleva decepciones más grandes. Necesitas objetivos grandes y pequeños. Grandes para que te inspiren y pequeños para que el reto sea manejable y puedas mantener firme la confianza.

Cuando Dave Wurtzel cuenta su historia del edificio en llamas, empieza con su meta general de apagar el fuego, pero rápidamente pasa a las metas subordinadas y alcanzables. Un incendio es "un ambiente caótico e impredecible. No puedes controlar lo que está pasando. Tienes una carga física, una carga mental, la presión del tiempo y el calor. Llegas a estar a más de cuarenta grados dentro del traje y tu cerebro no funciona muy bien. Tienes que descomponer las cosas. No puedes pensar en apagar el fuego. En este momento, sólo tienes que caminar unos metros hacia delante y atravesar esa puerta. Nada más".

Contrarresta creencias irracionales fijas

Mi familia tiene un perro. Se llama Odín y es un golden retriever muy travieso y amigable. Cuando lo saco a pasear, la mayoría de la gente está encantada de verlo, le dedican grandes sonrisas, y con frecuencia se toman el tiempo para acariciarlo. Sin embargo, unas cuantas personas mantienen su distancia. Les explico que es muy amigable mientras lo mantengo cerca de mí. Sonríen y asienten, pero no se acercan. En ocasiones me dan una corta explicación, por lo general algo como "Tuve una mala experiencia con un perro cuando era más joven". Esta reacción no es racional: diferente perro, diferente dueño, diferente momento, lugar y circunstancia. No obstante, la reacción de la persona —su miedo— es muy real. Tuvieron una mala experiencia con un perro, la cual generó una respuesta de estrés y ahora han adoptado el sesgo de que deberían temer a los perros.

Éste es un ejemplo de algo llamado el modelo ABC en el trabajo. Desarrollado por el doctor Albert Ellis en 1955, ABC hace referencia, por sus siglas en inglés, al evento activador, la creencia y la consecuencia.[10] Un evento activador lleva a una creencia sobre ese evento, la cual tiene una consecuencia. El evento no conduce a la consecuencia emocional y mental; en cambio, la creencia formada a partir del evento es lo que culmina en la consecuencia. La persona que encuentro mientras paseo a mi perro me dice que su mala experiencia previa con un perro (el evento activador) condujo a su miedo a los perros (consecuencia). La experiencia pasada generó una creencia de que los perros son atemorizantes, y esa creencia es lo que provoca su miedo actual. De hecho, la mayoría de los perros no son peligrosos por lo que no hay razón para temerles, pero eso no le importa a una persona que ya formó una creencia contraria. Como dijo el Hamlet de Shakespeare: "no existe nada bueno ni malo; es el pensamiento humano el que lo hace parecer así".[11] Una persona piensa que los perros son malos; por ende, para ella lo son.

Todos cargamos sistemas de creencias que se han ido formado de manera inconsciente a través de nuestras experiencias desde que nacimos. Un evento genera un cambio en nuestras creencias, el cual entonces se generaliza, y esa creencia sobre ese único evento se convierte en una creencia sobre un cúmulo general de eventos. *Me mordió un perro una vez* se convierte en *Creo que todos los perros me pueden morder*. Aprender de un evento está bien y es necesario: *Debo de tener cuidado cuando estoy cerca de perros que no conozco.* Es la generalización, o la sobregeneralización, lo que ocasiona los problemas.

Nuestra estructura de creencias está íntimamente vinculada con el comportamiento y el desempeño. Los comportamientos pasados y sus consecuencias afectan nuestras creencias. Esos cambios se generalizan, y hacen más probable que repitamos el comportamiento en el futuro. Que me vaya mal en un examen de matemáticas o dos se convierte en la creencia de que soy malo en matemáticas o malo para los exámenes, lo cual me hace tener un desempeño menor en el futuro. Cuando experimentamos algo como resultado de nuestro comportamiento, se activa ese sistema de creencias y aceptamos las consecuencias sin cuestionarlo. Ya pasó antes, lo cual provocó esta creencia inalterable y ahora así son las cosas.

Quienes se desempeñan al máximo aprenden a cuestionar y a controlar su sistema de creencias. No podemos controlar los eventos del pasado y sus resultados, pero sí podemos controlar cómo reaccionamos a ellos. (Los eventos y los resultados no se encuentran en nuestro círculo, pero las reacciones, sí.)

Digamos que accidentalmente tiras un huevo y eso deja un desastre en el suelo. Esto crea un resultado ABC: tiré un huevo, creo que siempre tiraré huevos y la consecuencia es que debo ser una persona torpe. Es una conclusión razonable: si crees que siempre tiras huevos, entonces, de hecho, es probable que seas una persona torpe. Pero, ¿te detienes a cuestionar esa creencia? ¿En serio *siempre* tiras los huevos? Probablemente no. Así que tu creencia es lo que genera una consecuencia de torpeza, no el evento. Todo lo que hace el evento es ensuciar el suelo y Odín lo limpia.

Ahora bien, digamos que tiras ese mismo huevo, pero esta vez practicas la excelencia. Crac suena el huevo contra el piso y se desparrama. Aquí viene la creencia: la conclusión irracional de que siempre tiro los huevos. Pero ahora intervienes conscientemente con un pensamiento racional: no es cierto, no puedo recordar la última vez que tiré un huevo. No soy torpe. De hecho, ahora que tiré este huevo, es probable que nunca más vuelva a dejar caer otro. ¡Voy a renunciar a mi trabajo y me voy a volver malabarista de huevos profesional! ¡Ahí te voy, ESPN!

Las creencias irracionales fijas muchas veces aparecen en la forma de diálogo interno negativo. Cuando cometes un error, sobre todo si estás estresado, esos pensamientos negativos pueden ganar impulso, su irracionalidad amenaza con convertir ese único error en muchos más. La forma de detener este desfile es usar evidencia. "¿Cuántos huevos he tirado realmente en los últimos seis meses? Sólo éste. Ah, de acuerdo, entonces supongo que *no* siempre soy torpe".

Los atletas, por ejemplo, se pueden basar en sus estadísticas. Un jugador de cuadro en el beisbol puede cometer un error o un receptor puede tirar un pase largo en el futbol americano, y ambos saben lo raros que son esos eventos estadísticamente hablando, así que pueden contrarrestar cualquier diálogo interno negativo con evidencia empírica. El diálogo interno negativo puede ser una profecía autocumplida: regañarte por un error conduce al siguiente. Y lo mismo con el diálogo interno positivo, así que, cuando tires algo, date una oportunidad. Observa la evidencia y disfruta el placer de decirte, qué bien que me deshice de eso.

La buena noticia es que experimentamos esos ABC cada día, así que tenemos bastantes oportunidades de contrarrestar las creencias y cambiar las consecuencias. Cuando un evento activador ocurre, observa cómo se enciende tu sistema de creencias. ¿Qué clase de diálogo interno genera, con qué consecuencias? ¿Qué sucede cuando intervienes para cuestionar esa creencia y contrarrestar el diálogo interno? ¿Notas un cambio emocional? ¿O uno conductual? Practícalo muy seguido y se volverá tu nueva modalidad predeterminada.

Cuando la bailarina competitiva Penelope Parmes comete un error en medio de una coreografía, ya sea en un ensayo o en una competencia, es severa consigo misma. Su sistema de creencias fijo se enciende. "Me empiezo a flagelar y me frustro. Me digo a mí misma que no puedo hacer algo, o que es muy difícil, o que nunca he podido hacer eso". Interviene diciéndose a sí misma, "¿Y qué si no lo has hecho antes? Ya podrás hacerlo, sólo no todavía".

Penelope practica la autocompasión como medio para neutralizar sus creencias ABC. "Leí algo una vez que decía que te debes tratar tan bien como tratarías a tu perro", dice Penelope. "Tú acaricias a tu perro, le sobas la pancita, le dices que es un buen perro. Cuando me frustro, acaricio mi brazo y me doy palmaditas en la pierna y me digo que soy una buena cachorrita. Me calma y me hace sonreír. Me recuerda que sólo estoy bailando por diversión".

Otro método es hablarte como lo haría un buen amigo. Un amigo no tiene tu sistema ABC, así que probablemente no reaccionaría a un error con una creencia fija acusatoria. En cambio, es amable. Te da retroalimentación positiva, quizá junto con un par de recomendaciones constructivas. Tu sistema ABC quiere encerrarte en un resultado funesto, pero tus cachorritos y tus amigos te ayudan a evitarlo.

Usa la caja negra

En abril de 2019, la selección de futbol femenil de Estados Unidos jugó un partido de práctica en un campo de la Universidad de California, Santa Bárbara. Entre pases, disparos y gritos, se podía escuchar una frase repetidamente. "¡Usa la caja negra!", se gritaban las jugadoras entre ellas, incluyendo las capitanas Megan Rapinoe, Carli Lloyd y Alex Morgan, en respuesta a los desaciertos. Yo fui un afortunado espectador en la práctica y la frase era música para mis oídos.

Tuve el privilegio de trabajar con el equipo mientras se preparaban para el torneo de la Copa Mundial que sería en Francia. Les enseñé técnicas de tolerancia a la adversidad en los campamentos de entrenamiento tanto en San José como en Santa Bárbara, y una de las cosas que cubrimos fue cómo compartimentar los eventos negativos. En medio de un partido, cuando las cosas salen mal o algo inesperado sucede, pon el evento y sus emociones y reacciones asociadas aparte para que te puedas enfocar en la tarea a realizar. La metáfora que empleo es poner las cosas en una caja negra. Muchas de las personas con las que he trabajado, como esas jugadoras estadounidenses, la usan hasta como verbo, lo *cajanegrean*.

Cajanegrear es una técnica para negar las tendencias de las creencias fijas ABC. Que suceda algo negativo en medio de un desempeño disparará el modelo ABC, lo que activará diálogos internos negativos y emociones que te hagan caer por una espiral. Alex Myers, atleta profesional de deportes electrónicos, lo llama "inclinarse", que es jerga entre jugadores para sentirse agraviado o enojado en medio de un juego. "Sucede todo el tiempo en las competencias", dice Alex. "Espero que alguien juegue de cierta manera y no sucede. Algo inesperado pasa. Cuando me inclino, guardo el problema en una caja negra. Imagino una caja donde avientas una emoción cualquiera que estalla. Aviéntala en la caja negra. Habrá eventos fuera de tu control; cuando sucedan, los cajanegreas".

Hay situaciones inesperadas que pueden desestabilizar a un ejecutante y afectar su capacidad de tener éxito. Meter tales errores en una caja negra te permite mantener los ojos en la misión. Si estás dando una plática o una cátedra, y metes la pata en algo a los pocos minutos de haber comenzado, pensar en ese error perjudicará el resto de tu desempeño. Compartimentar —guardar las distracciones en una caja negra— te permitirá volver a enfocarte en la misión que tienes. Una vez que esas emociones negativas empiezan a fluir bajo la presión del desempeño, es difícil combatirlas, pero me he dado cuenta de que la metáfora de la caja negra es efectiva. Les da a los ejecutantes un mantra que pueden usar y una imagen que pueden visualizar. Otros emplean distintos mantras o imágenes: una vez escuché a la estrella de la NFL George Kittle referirse a un botón rojo para reiniciar que se dibuja en el brazo. Cuando necesita olvidar una mala jugada, literalmente presiona su botón de reinicio. No importa cuál sea el mantra ni la imagen, mientras tengas algo que uses consistentemente. Lo importante es el acto físico de decir el mantra (o presionar el botón) y visualizar la distracción yéndose.

Desempaca la caja

Después de cada partido, Erik Spoelstra se sienta con su equipo de Miami Heat y analizan juntos los sucesos notables. Erik lo llama su "revisión después de la acción", exactamente el mismo término usado en el ejército cuando serví. "¿Cuál fue la realidad, qué fue bueno, qué podemos aprender, qué podemos hacer mejor?", les pregunta. "Entrar en esta rutina nos ayuda a salir de la mentalidad basada en resultados y a tener una visión más relacionada con el proceso. Siempre hay algo que se puede aprender y mejorar. Recomendamos a todos en el edificio a que sean auténticos y vulnerables y tengan el valor de hablar si algo fue su culpa. Propicias que los jugadores estén más dispuestos a reconocer lo que les molesta. Si superas ese obstáculo, tendrás un espacio realmente seguro".

Muchas cosas suceden en el transcurso de un partido —fallar una canasta, una mala decisión de los réferis— que necesitan estar en la caja negra.

La revisión después de la acción que hace Erik es su forma de desempacar la caja y liberarla para que el equipo esté listo para el partido. Los jugadores y los entrenadores repasan todo lo que pasó en el juego a la distancia, alejados de la emoción del momento porque ya pasó un poco tiempo. Esto les da una perspectiva más objetiva, así que pueden evaluar su desempeño para aprender y no para criticar. Las revisiones son una parte importante de la cultura del equipo, y pueden traer a la superficie problemas que van más allá de lo que pasó en la cancha. "Todos saben lo que se necesita para ganar", dice Erik. "Pero una vez que empiezas a competir y avanza la temporada, pasan cosas que perturban eso. Cuestiones personales, ruido de los medios… si no lo atiendes, interfiere. Necesitas hacerlo de manera deliberada". Los repasos de Erik después de la acción son su técnica para evitar que el equipo se fragmente.

Cuando pones cosas en la caja negra, en algún momento necesitas desempacarlas. Revisa los eventos y las emociones que destacaron del desempeño, buenos y malos, y analiza objetivamente qué pasó y por qué. Disminuye las emociones y elimina las recriminaciones para enfocarte en aprender y crecer gracias a la experiencia. Cuando desempaques la caja, asegúrate de estar en un lugar seguro emocionalmente, lejos de personas que puedan alterar el proceso con sus juicios. Para empezar valida las emociones que experimentaste en el momento; frustrarte o enojarte por un error es normal y está bien. Si algo salió mal y tuviste una reacción emocional, podrías descomponerla con el modelo ABC. ¿Qué creencia disparó la emoción o el diálogo interno que experimentaste? ¿Fue una creencia racional? Muy seguido, los errores de ejecución provocan emociones que se basan en la reputación: cometí un error y ahora todos van a pensar lo peor de mí. Si eso te sucede, revisita el momento y céntrate en tu identidad y tus valores.

Cuando hayas despejado las emociones, tienes la libertad de evaluar con objetividad tu desempeño y mejorarlo. El piloto acrobático Anthony Oshinuga tiene un buen ejemplo de esto. "Una vez, cuando apenas empezaba, estaba con un instructor de vuelo y estábamos practicando una maniobra llamada el pez dorado. Es un tirón fuerte —un tiempo colgado de cabeza de las correas— y me desmayé por las fuerzas G. Cuando recuperé el conocimiento, le pregunté al instructor si podíamos intentarlo otra vez, ¡y me noqueó otra vez!".

Después de cada vuelo, Anthony tiene una rutina postdesempeño que conlleva sentarse en el avión y repasar todo lo que pasó. Después de las experiencias de desmayarse con el pez dorado, sabía que tenía que reforzar su resistencia a las fuerzas G. "Me pasé todo un mes estudiando qué sucede cuando pasas por esa clase de fuerza G, qué me pasó a mí, por qué me noqueó. Aprendí que tenía que trabajar más y volverme más fuerte, para que, cuando me doblo (mientras tiro), la sangre se quede en mi cerebro y no me desmaye". Su rutina de desempacar la caja ayudó a Anthony a desarrollar un plan para mejorar y reducir el estrés en sus futuros vuelos.

Acuérdate del equipo

Una última forma de atender el estrés es recordar por qué haces lo que haces. Son los factores que cubrimos en el capítulo 3, donde estudiamos el credo personal y el motor. Pero hay otro componente frecuente en ese propósito: el equipo. En el desempeño, muchas veces no estás solo. Tienes un equipo a tu alrededor y a tu espalda. Recordar esto puede tener una influencia relajante y poderosa antes y durante la ejecución.

He visto cómo funciona este efecto muchas veces en mi trabajo con los Seals. Son una comunidad donde los lazos en el equipo son particularmente fuertes. Los Seals se preocupan más por sus compañeros que por sí mismos; sus sentimientos están a la par de la actitud protectora que tienen los padres con sus hijos. Cuando empiezan una misión o un ejercicio, miran a sus compañeros, conscientes de que la presión del éxito no recae enteramente en sus hombros. Saben que nadie se va a rendir, tendrán ayuda a cada paso del camino. Acordarse conscientemente de la presencia y el apoyo de sus compañeros es un factor que los motiva y los calma al mismo tiempo.

Tim Murphy es un psicólogo, autor y excongresista de Estados Unidos que sirvió en la Cámara de Representantes de 2003 a 2017. Tim y yo nos conocimos en 2011, cuando yo era psicólogo en jefe para los equipos Seal de la costa oeste y él era oficial de la reserva naval (mientras servía en el Congreso). Estaba a bordo de un portaaviones, el *USS Carl Vinson*, durante su estancia en Coronado, y me llamó un día para ver si podía ir a vernos y aprender más sobre los programas de fortaleza mental de los Seals.

Tim siempre había sido defensor de la salud mental y está particularmente orgulloso del proyecto de ley de salud mental familiar que escribió
después del tiroteo en la Secundaria Sandy Hook en Newtown, Connecti-
cut, en 2012, ya que varias provisiones finalmente llegaron al Congreso y se
legalizaron. Recuerda las audiencias para el proyecto y las presiones políticas que enfrentó al impulsarla. "El proceso de revisión de un proyecto de ley
es brutal", dice. "Algunos de mis colegas en la Cámara me iban a echar a los
perros". Para ayudar a manejar su estrés, Tim mantuvo a su equipo justo al
frente y en el centro de su pensamiento; en este caso, el equipo era la gente
para la que había escrito la ley. "Mi proyecto estaba motivado por tiroteos
y había hablado con muchas víctimas y sus familias. Cuando la audiencia
empezó, tenía fotos de todos los niños que murieron en Sandy Hook en la
mesa, enfrente de mí. No era sobre mí, era sobre ellos. No estaba aparen-
tando estar tranquilo. Estaba tranquilo. Estaba en una batalla y estaba listo".

Patty Brandmaier también mitigó su estrés en momentos clave al enfocarse en su equipo. Patty pasó treinta y dos años en la Agencia Central
de Inteligencia (CIA), como analista primero y avanzando dentro de la organización hasta pasar sus últimos siete años como miembro del equipo
ejecutivo senior que le reportaba al director de la agencia. Sirvió tanto en el
país como en el extranjero, dirigiendo varias iniciativas cruciales; gestionó
las relaciones de la CIA con el Congreso y el Departamento de la Defensa
de Estados Unidos; ganó tres premios del director, el exclusivo honor que
entrega el director, y recibió la Medalla a la Carrera de Inteligencia Distin-
guida cuando se retiró en 2014.

A Patty la contrató la CIA cuando se graduó de la Universidad Estatal
de Pensilvania y le encantó desde el primer momento. "Podía hacer cualquier cosa ahí. Empecé por la vía analítica y eventualmente me di cuenta
de que no me gustaba. Mi mayor reto fue desarrollar un método disciplinado
para hacer las cosas que no me emocionaban. Gravitaba hacia las cosas que
más me gustaba hacer. Me moví mucho y me siguieron promoviendo".

El trayecto profesional de Patty incluyó varias posiciones de mayor responsabilidad y jerarquía en el Centro de Antiterrorismo de la CIA, así que,
cuando el primer avión se estrelló en el World Trade Center en Nueva
York, el 11 de septiembre de 2001, ella sabía exactamente qué hacer. No se
dio el lujo de activar una respuesta de estrés; se tenía que crear un nuevo
equipo. "Debíamos organizarnos, necesitábamos estar listos para lo que

fuera a suceder después, para proteger al país. Mientras todos salían del edificio, yo me fui hacia nuestro Centro de Antiterrorismo".

Patty tenía un amplio conocimiento de muchas de las técnicas de manejo de estrés que detallo en este capítulo, incluyendo cómo canalizar sus emociones durante las dificultades. "Yo soy una persona emocional", dice. "Incluso he llorado delante del director. Las emociones son contagiosas. Lo aprendí a la mala. Mis emociones solían impactar a otros. Uno de mis principales preceptos de liderazgo es comprenderse uno mismo y yo tuve que aprender qué me alteraba para poder gestionar esas causas". Sufrir los ataques terroristas del 9/11 sin duda alguna fue una de esos detonantes. Patty y su equipo se apresuraron en establecer un centro de manejo de crisis para ayudar al país a determinar qué amenazas estaba enfrentando, qué era real y qué no. "No sabíamos qué iba a pasar después. Estábamos trabajando 24/7 y la gente estaba asustada. Yo sabía que la forma en que me presentara ante ellos era importante".

Patty tenía razón: el estrés puede ser contagioso. Dominar las técnicas de este capítulo te ayudará a mejorar tu propio desempeño y el de las personas a tu alrededor. Como señala Patty de los ataques del 9/11, "No permití que mi estrés y mi ansiedad se volvieran suyos. Así pudimos manejar nuestro estrés juntos".

Acepta el estrés bueno

Para el doctor Joe Maroon, el neurocirujano, el estrés y la mentalidad están inexorablemente vinculados. "El estrés es algo bueno", dice. "Lo necesitamos. Para ser un mejor atleta necesitas trabajar tus músculos físicamente. El estrés hace lo mismo con tu mentalidad. Invoca tu atención e intensidad cuando estás trabajando en algo. Existe el estrés bueno y luego está la angustia. Los mejores ejecutantes aprenden a lidiar con la angustia para regresar a una modalidad de buen estrés".

El clavadista David Colturi dice algo similar. Parado en su plataforma mirando hacia el agua a treinta metros abajo, se asusta. "En un desempeño de élite, el miedo y el estrés nunca están ausentes. El estrés seguirá ahí, así que, ¿cómo lo puedo usar? Intento aprovecharlo como motivador. Si algo me causa ansiedad, como dar una entrevista o una plática, eso me motiva para prepararme más y hacer un mejor papel. El miedo me ayuda a ser mejor cada día".

Hemos pasado todo este capítulo aprendiendo cómo prepararnos para la respuesta humana de estrés y cómo mitigarla. Mitigar, pero no eliminar, porque el estrés tiene tanto efectos nocivos como favorables. Una vez que hayas practicado las técnicas que cubrimos en este capítulo hasta el punto en que se vuelvan automáticas, habrás eliminado con éxito (o reducido significativamente) la cantidad de ansiedad en tu vida. Pero todavía habrá estrés y eso es bueno. Sabes cómo manejarlo y convertirlo en una fuerza positiva para tu desempeño.

Los psicólogos Alia Crum, Peter Salovey y Shawn Achor llaman esto la "paradoja del estrés". En un artículo de 2013, citan numerosos estudios que documentan los aspectos positivos del estrés, tanto en el momento (percepción intensificada, más atención) como a largo plazo (mayor iniciativa, nuevas perspectivas, sensación de dominio, sensación mayor de significado). Son los marcadores del "crecimiento relacionado con el estrés, en el cual las experiencias fundamentalmente estresantes cambian a las personas para bien". Prosiguen a demostrar cómo la mentalidad del individuo respecto al estrés es en sí misma una variable que afecta la respuesta humana de estrés. La mayoría de nosotros cree que el estrés es dañino; esta mentalidad de "el estrés es debilitante" en realidad exacerba los efectos negativos del estrés. Es nuestro propio círculo vicioso especial de estrés y mentalidad. Por otra parte, darle la vuelta a esa creencia puede generar una "mentalidad de que el estrés mejora", que en sí misma es una técnica de control de estrés.[12]

No estoy diciendo que el estrés sea bueno. En ocasiones se dispara por experiencias de vida muy difíciles que no tendríamos que vivir. Pero, sin importar que el estrés parta de un problema mayor, uno mundano o un punto medio entre los dos, es una señal para nuestro cuerpo y nuestra mente de que algo importante está pasando. Esto en sí puede ser beneficioso. La doctora Kelly McGonigal, en su libro *Estrés: el lado bueno*, comenta que "el estrés es lo que surge cuando está en juego algo que te importa".[13] Si nos volvemos mejores para manejar nuestra respuesta de estrés, nos preparamos para correr menos y dar más pasos hacia delante.

Pete Naschak, el Seal retirado, ha pasado mucho tiempo asesorando a otros ejecutantes de alto nivel sobre desempeño mental, incluyendo varios

atletas olímpicos. "Me molesta cuando dicen que sólo es otra competencia", dice Pete. "No es sólo otra competencia, ¡son las olimpiadas! O como
alguien que corre bajo la lluvia y dice: 'No está lloviendo'. ¡Está lloviendo!".
Las técnicas que hemos expuesto en este capítulo te aportan la confianza
para saber que, cuando la adversidad toque a tu puerta, estarás preparado para enfrentarla. Puedes mitigar y contrarrestar los efectos nocivos del
estrés para que seas más capaz de abrazar los buenos.

   "No te deshagas de los nervios", aconseja Pete. "Úsalos. Los nervios son
la forma como tu cuerpo te dice: esto es relevante. Es importante tener
un poco de miedo. Enfoca los sentidos, te mantienen alerta y te dicen que
es hora de hacer que algo suceda. Cuando estoy en batalla, no quiero ser
Gandhi. ¿Te parece que ésa es la mejor forma de ser cuando estás en una
pelea?".

PLAN DE ACCIÓN DE EXCELENCIA APRENDIDA: TOLERANCIA A LA ADVERSIDAD

LA FORTALEZA MENTAL ES LA HABILIDAD DE MANEJAR LA RESPUESTA HUMANA DE ESTRÉS EN SITUACIONES DIFÍCILES. PARA DESARROLLAR FORTALEZA MENTAL, PRACTICA Y APLICA ESTAS TÉCNICAS:

Visualiza las próximas veces que debas desempeñar tu labor con los cinco sentidos, para que, cuando llegue el momento de actuar se sienta como si ya hubieras estado ahí. También usa la visualización después del desempeño para evaluar la experiencia y aprender de ella.

Ten un plan de contingencia para todo lo que pueda salir mal. Practícalo lo suficiente para que desarrolles automaticidad y actúes de la manera correcta en ese instante, sin pensar.

Sé consciente de ti mismo. Antes de tu desempeño, haz un inventario de los signos vitales de tu capacidad mental para mitigar las distracciones. Atiende o reconoce los factores de varios aspectos de tu vida que podrían ocasionarte estrés.

Respira 4444. Practica la respiración, cuatro segundos adentro, cuatro o seis segundos afuera, durante cuatro minutos, cuatro veces al día.

Establece tus rutinas para antes del desempeño, una señal física para que tu cuerpo y tu mente sepan que está próximo un evento en el que te vas a desempeñar.

Segmenta los objetivos grandes y abrumadores en otros
más pequeños y más plausibles.

Contrarresta las creencias irracionales fijas y su asistente,
el diálogo interno negativo, con un diálogo interno positivo,
racional y sustentado en evidencia.

Cuando algo inesperado suceda durante una ejecución,
cajanegréalo. Guárdalo mentalmente por ahora para que
no provoque más distracciones.

Después de tu desempeño, desempaca la caja. Revisa
los eventos y las emociones destacados de tu ejecución,
buenos y malos, y analiza de manera objetiva qué pasó
y por qué.

Para inspirarte y calmarte, piensa en tus compañeros
de equipo antes y durante tu desempeño.

CAPÍTULO 7

EQUILIBRIO Y RECUPERACIÓN

Hablaba de no tener idiotas en el equipo, pero si yo estaba
actuando como un idiota, ¿cómo podíamos decir que no
había idiotas aquí?

—Steve Idoux, productor y presidente, Lockton Dallas

Steve Idoux siempre creyó que podía trabajar más que cualquiera. Ése era su camino hacia el éxito. "Mi actitud era, yo voy a meterle más horas", recuerda. "Voy a contestar tu llamada a la mitad de la noche, a las cinco a.m., el fin de semana. Siempre estaba tomando Coca-Cola *light*. Soy más fuerte que tú, tengo más energía". Un día, Steve estaba en su oficina, sentado detrás de su escritorio. "Estaba un poco exhausto por una cena con un cliente la noche anterior. Algo había pasado con otro cliente y uno de los miembros de mi equipo entró para que lo platicáramos. De pronto, le empecé a gritar. ¡Me convertí en un monstruo! Recuerdo la expresión de su rostro. Pensé, no quiero ser esa persona. Éste no soy yo. Esto no es lo que la empresa necesita. Era muy apasionado, pero daba la impresión de ser intimidante. La ironía era que, conforme me volvía más exitoso, me enojaba más seguido. Quería ser como Steve Jobs y nunca bajar nuestros estándares. Si veía que los bajaban, reaccionaba brutalmente. Hablaba de no tener idiotas en el equipo, pero si yo estaba actuando como un idiota, ¿cómo podíamos decir que no había idiotas aquí?".

Empecé a trabajar con Steve en 2019. Una de nuestras prioridades inmediatas fue el equilibrio. Steve estaba demasiado implicado en su carrera y no le prestaba demasiada atención a otros aspectos de su vida. No es un caso aislado; de hecho, podría sonarte familiar. Tantos de nosotros nos definimos por lo que hacemos, cuando de hecho somos mucho más que eso.

¿Qué tanto más? Yo cuento seis "pilares" que componen la vida:

- Trabajo: tu empleo y tu carrera.
- Relaciones: románticas, familiares, con amigos y colegas.
- Salud: ejercicio, nutrición y otros aspectos del bienestar físico.
- Espiritualidad: la creencia y la práctica de un propósito mayor más allá de nuestro yo físico y mental. Puede englobar la religión, pero la gente no religiosa también tiene espiritualidad.
- Pasatiempos: las cosas que hacemos por diversión, educación o comunidad.
- Legado: ¿qué vamos a dejarle al mundo?

Una vida plena y feliz no se deriva sólo de uno o dos de esos pilares; toma de los seis. Pienso en ellos como los pilares que sostienen una casa. Una casa que construyes con sólo uno o dos pilares siempre será inestable. Si un pilar se ve comprometido de alguna manera, la estructura entera colapsa. Pero si la casa tiene cimientos sólidos de cuatro, cinco o hasta los seis pilares, va a ser sólida como una roca, incluso si un par de los pilares se daña. Cuando la gente no está en equilibrio y pone toda su energía en un solo pilar, el fracaso tiene mayores consecuencias y el estrés aumenta. Si todo lo que tienes es tu trabajo o tu carrera, será mejor que todo sea un jonrón porque no tienes nada más. Cuando la adversidad aparece, el equilibrio te ayuda a mantenerte con los pies en la tierra. Tienes otras cosas a qué recurrir. Los mejores y más sanos ejecutantes que he conocido alimentan y riegan sus seis pilares constantemente (¡y a ninguno de ellos les molesta la ocasional mezcla de metáforas!). No existe una fórmula óptima que sirva para todos aquí; será distinta para cada persona. El enfoque debería estar más en el proceso del equilibrio (considerar periódicamente cómo atiendes cada pilar) que en el resultado (X horas en este pilar, Y horas en aquél).

A veces, cuando trabajaba con los Seals, los escuchaba expresar un sesgo contra el equilibrio. Si no estás enfocado única y exclusivamente en ser un Seal, era la idea, no vas a desempeñarte tan bien. Eso no es cierto. El equilibrio mejora el desempeño. El mejor ejemplo que tengo de esto es del pícher de beisbol Rich Hill, uno de los atletas más intensos, disciplinados y enfocados con los que he trabajado. Lo he visto reanimar a sus compañeros con su intensidad numerosas veces. Pero fuera del equipo, Rich es un ejemplo de lo que significa ser padre, esposo y miembro de la comunidad. "Cenamos juntos todas las noches", dice Rich de su vida familiar. "Cuando llego a casa, dejo todo en el campo. Cuando estás en casa, eres padre y esposo. Cuando estás en el campo, eres compañero de equipo, competidor y amigo".

Son muchas las investigaciones que apoyan la importancia del equilibrio, el cual conduce a una felicidad mayor, a un mejor desempeño y productividad, menos desgaste, más satisfacción laboral, más productividad, mejor salud y longevidad, y más creatividad. Por ejemplo, un estudio de 2013 con 1 416 personas de siete países descubrió que las personas con una vida más equilibrada estaban más satisfechas y padecían menos ansiedad y depresión.[1] Y una revisión de 2009 concluyó que las empresas con prácticas superiores de equilibrio tenían mayor retención y reclutamiento.

El equilibrio también es importante para hacer transiciones exitosas. He visto a muchos Seals batallar después de dejar la Armada, mientras que otros están perfectamente bien. La diferencia suele recaer en la salud de sus pilares. Siempre les va mejor a quienes tienen una comunidad y vidas familiares y espirituales satisfactorias.

En el capítulo 3 hablamos de establecer metas en cada uno de los seis pilares. Cuando mis clientes hicieron este ejercicio por primera vez, casi todos se enfocaron en uno o dos pilares, por lo general el trabajo y las relaciones (sobre todo familiares). Está bien y es predecible, pero no es lo suficientemente bueno. ¿Cuáles son las cosas en las que quieres trabajar y qué quieres lograr en todas esas áreas? Por ejemplo, los pasatiempos incluyen cosas que haces por diversión, pero puede ser útil elegir algo en lo que te quieras desempeñar mejor —aprender un nuevo idioma, cocinar, viajar a un nuevo país o región— y enfocarte en eso por un tiempo.

El objetivo no tiene que ser alcanzar el equilibrio a corto o siquiera a mediano plazo. Hay lapsos de tiempo en los que tenemos que darlo todo en sólo uno o en dos pilares (por lo general el trabajo o la familia). En esas ocasiones, sé consciente del déficit que estás creando en los demás pilares y haz el compromiso mental de volver a equilibrar todo en algún momento del futuro no tan distante. Planea unas vacaciones, por ejemplo, no sólo para pasar más y mejor tiempo en familia o con tu pareja, sino para invertir en pasatiempos, espiritualidad o en los demás pilares que se estén debilitando. Es crucial para la excelencia.

Establecer todas estas metas puede ser intimidante. Está bien volver el proceso un poco menos complejo metiéndole el doble o el triple a ciertas áreas. Yo puedo establecer una meta de jugar *pickleball* con mi esposa semanalmente (¡asumiendo que ella acceda!), lo cual cuenta como una meta de salud, pasatiempo y relaciones. (Rezarle a los dioses del *pickleball* antes de un partido, sin embargo, no cumple los requisitos de una meta espiritual.) Como dice Ben Potvin, el director creativo y antiguo miembro de Cirque du Soleil, "Estar en equilibrio no es un destino. Necesitas enfocar tu energía en tus pilares a lo largo de todo el camino y seguir creciendo en cada uno de ellos".

Deja caer pelotitas

Aun cuando inviertas el doble ocasionalmente en una meta, establecer metas en los seis pilares distintos puede ser abrumador. Ya es bastante difícil mantener el paso nada más con el trabajo y la familia, ¿cierto? Deena Ryerson, la asistente del fiscal general de Oregón, recuerda que, mientras crecía, "nuestra generación decía que las mujeres podían tenerlo todo. Una carrera, una familia, una vida; todo. Pero he aprendido que no puedes tenerlo todo y hacerlo todo *bien*. Lo intenté por años y pagué el precio. Metí todo en mi carrera, más que en mi familia, y todavía lo lamento". Deena brincaba constantemente de su papel como abogada a su papel como madre, y sentía que no estaba haciendo ninguno de los dos al máximo de sus capacidades. Se alteraba por cosas que normalmente no la afectarían. "No estás enojada por los platos, estás estresada por otras cosas".

Cuando empecé a trabajar con Deena, se dio cuenta de que *podía* tenerlo todo, sólo que no todo al mismo tiempo. Al estar criando dos hijos, empezó a cambiar prioridades y objetivos a partir de las circunstancias. "Hay pelotitas que tienes que soltar", dice. "Una vez que te das cuenta de eso, te tienes que perdonar a ti mismo. Yo no puedo ser todo lo que quiero ser en mi trabajo sin sacrificar lo que soy para mi familia, y viceversa. Ahora, cuando la flama no es un fuego ardiente en el trabajo, tomo más tiempo para estar con mi familia. Empiezo con lo no negociable. Si tengo un juicio próximo, eso no es negociable. Pero no me hubiera perdido el partido de bienvenida de mi hijo por nada; eso tampoco es negociable. Alineo lo no negociable y veo qué queda".

En lo que a tus pilares respecta, el momento lo es todo. La edad y las etapas cambian. Deena, en medio de su carrera y criando a su familia, tiene que enfocar la mayor parte de su tiempo y energía en esos dos pilares, mientras que los jubilados o los padres cuyos hijos se acaban de mudar tienen el lujo de desarrollar pasatiempos y formar comunidad. No pasa nada si no estás cien por ciento en equilibrio —tiempo y atención distribuidos de manera equitativa en todos los pilares— todo el tiempo. Es bueno porque, como bien saben Deena y muchos otros, a veces no es posible. Pero sé consciente de ese desequilibrio, vuélvelo intencional y ten un plan para resolverlo cuando las circunstancias cambien.

Usa tu tiempo. En el capítulo 5 hablamos de desarrollar un proceso de manejo del tiempo que te asegure invertir tu tiempo en tus prioridades más importantes. Para conservar tu equilibrio, ve un paso más allá y etiqueta cómo estás usando ese tiempo. Crea tiempo para el trabajo, por supuesto, pero también para la salud, la familia, los amigos, la reflexión espiritual y demás. Si los codificas por color, puedes observar una semana en tu agenda y ver si hay equilibrio o desequilibrio. Si lo ves desbalanceado, puedes elegir ajustar cómo estás invirtiendo tu tiempo, ya sea ahora o en el futuro. Tampoco sueltes tan fácilmente el tema. Encontrar el equilibrio en los próximos días o semanas tal vez no sea posible: se van a caer pelotitas. Pero ¿y qué hay de los próximos meses? Seguro cuentas con espacio que puedes invertir en todos los aspectos de tu vida en esa extensión de tiempo. No es un lujo; es un requerimiento para desempeñarte al máximo ahora y en el futuro.

Cuando inviertas tu tiempo y atención en varios pilares, esfuérzate por evitar distracciones. Quedarse en el presente y estar en el momento son clichés, pero también son puntos vitales para mantener el equilibrio. Es obvio que una persona necesita estar enfocada al momento de estarse desempeñando; no quieres que tu médico esté pensando en la cita romántica que tendrá al rato en medio de tu cirugía. Pero lo opuesto también es cierto. Así como queremos eliminar distracciones y estar totalmente presentes al momento de desempeñarnos, mantener el equilibrio requiere la misma disciplina en escenarios donde no nos estemos desempeñando. ¿Qué tan seguido tu pensamiento se desvía hacia esa junta importante que tendrás o hacia algún evento cuando estás jugando con tus hijos o cenando con tu pareja? Muchas, ¿verdad? Para casi todos, ésta es una oportunidad para mejorar. Deja de lado los pensamientos de lo que vendrá y date la oportunidad de estar donde estás.

El camino hacia la recuperación

Cuando el Seal Marcus Luttrell regresó a Texas después de su odisea en Afganistán, pasé una semana con él y su familia, ayudándolo a reajustarse a su vida hogareña. Unos días después de que llegáramos, varios de sus amigos se presentaron. Querían ayudar a Marcus y pensaron que una buena manera de hacerlo era salir con él ese día. ¿Qué actividad eligieron? ¡Disparar!

Piensa en un auto de carreras. Está afuera, en la pista, dando vueltas lo más rápido posible, pero para seguir avanzando necesita meterse ocasionalmente a la zona de *pits* y pasar tiempo en recuperación: cambiar neumáticos, llenar el tanque, revisar los frenos o la dirección. Al final de la carrera, vuelve al garaje para recuperarse más, con un mantenimiento y un reequipamiento extensivos. Entonces está listo para la siguiente carrera. Era lo mismo con Marcus. Él no estaba listo para levantar un arma y disparar, ni siquiera por deporte. Necesitaba más recuperación. Hablé con los bienintencionados amigos de Marcus y pensamos en otra cosa que pudieran hacer y fuera divertida mientras le daban a Marcus el tiempo y el espacio tan necesarios para continuar con su recuperación. ¿Qué tal ir a pescar?

Un componente esencial de desempeñarte con excelencia es otorgarte el tiempo y el espacio que necesitas para recuperarte de ese desempeño. La ejecución hace que se acelere tu respuesta de estrés; la recuperación te da la oportunidad de calmarte. Inserta la recuperación en tu día, agéndala si es necesario. Pete Naschak, el Seal retirado, comenta que solía ser más bueno para recuperarse cuando lo destinaban al extranjero porque destinaba tiempo a ello de una manera más deliberada. "Estaba más enfocado en ese tiempo libre cuando estaba en Iraq", dice. "Todo estaba enfocado, centrado, y era importante, y no había distracciones".

Recuperarse es un reto mayor en la vida civil de Pete, donde están pasando más cosas en la casa, en el trabajo y en la vida en general. Él enfatiza la importancia de hacer el esfuerzo de recuperarse. "Cuando tienes tiempo libre, ¿en serio es libre?".

La recuperación puede ser cualquier cosa que te dé placer y paz sin activar tu respuesta de estrés: llevar a los niños a comprar helado, cocinar algo con tu pareja, pasear al perro, caminar por el parque o en un bosque. Todas estas cosas encajan a la perfección, actividades donde no hay presiones, juicios, competencias ni ansiedad. Muchas personas con las que trabajo, como el entrenador de la NBA Erik Spoelstra, son ávidas aficionadas del ejercicio. "Todos saben que tienen que darme tiempo [para entrenar], sobre todo después de un juego difícil", dice. "Cuando empecé a hacerlo, el personal me interrumpía a cada rato. Tuve que tener una junta con ellos para decirles que me dejaran solo durante ese tiempo. Lo hago para mejorar para ustedes".

La mejor herramienta de recuperación es una que todos tenemos a nuestra disposición: el sueño. Sin embargo, aunque para algunas personas dormir es fácil, para otras es más difícil. A ellos les recomiendo el jugo de cereza agria, es decir el jugo que se extrae de las cerezas agrias, una versión distinta de la fruta dulce que se vende en los supermercados. Las cerezas agrias son de un rojo brillante, contrario al tono más profundo de sus primas dulces, las cerezas con las que se hace helado, y son más pequeñas y más amargas. Son una buena fuente de antocianinas, lo que les da su pigmentación, y se les asocia con beneficios antiinflamatorios y antioxidantes, además de melatonina, una hormona que ayuda a regular el sueño. Lo cual ayuda a explicar la miríada de beneficios para la salud que se deriva de ellas: disminuir la inflamación, recuperación muscular y (¡tará!) la duración y la calidad del sueño. Es la razón de que muchos Navy Seals beban un par de vasos de jugo de cereza agria antes de acostarse, al igual que muchos atletas profesionales.

Si el jugo de cereza agria es una bondad para poder dormir, entonces su némesis es el smartphone, la tableta, la computadora o la pantalla de televisión. El cerebro tiene algo llamado glándula pineal, la cual recibe señales de la luz. Antes de que los humanos descubrieran cómo crear luz, el atardecer activaba la glándula pineal, inundando el cuerpo de melatonina, una hormona asociada con nuestro ritmo circadiano natural. Ayuda con la transición del cuerpo hacia la modalidad de sueño. La luz creada por el hombre retrasa este proceso, pero el criminal más terrible es la "luz azul" que emiten los teléfonos y todas las otras pantallas. Este tipo de luz posee una longitud de onda más corta y una energía más elevada que los demás colores, genial para estimular la atención y la lucidez, pero un detrimento cuando el objetivo es dormir.

Si usas tu teléfono o tu laptop en la noche, esencialmente le estás diciendo a tu cerebro que no es momento de dormir. Es un disparate esperar que el sueño venga rápido inmediatamente después de apagar el teléfono o la televisión. El cuerpo no funciona así. Intenta pasar una hora sin ver pantallas antes de apagar la luz, o por lo menos cambia tu pantalla a modo nocturno, el cual reduce la luz azul.

Muchas de las personas con un desempeño de élite con las que he trabajado usan tanques de privación sensorial (es decir, tanques de flotación) para recuperarse. Un tanque de flotación es un tanque cerrado y poco profundo, lleno con agua tibia saturada de sal, lo cual permite que las personas mantengan sin esfuerzo los ojos, la nariz y la boca cómodamente en la superficie. El tratamiento se conoce formalmente como Terapia de Estimulación Ambiental Reducida (*Floatation*-REST en inglés). En la década de 1950, investigadores que trataban de comprender cómo responde el cerebro a un ambiente por completo carente de estímulos sensoriales inventaron los tanques de flotación. Descubrieron que, en lugar de quedarse dormida, la gente en ambientes así permanecía totalmente despierta y alerta. Fue un resultado interesante, pero también un problema de cierta manera, dado que los tanques originales eran verticales y requerían que los participantes usaran un casco incómodo para poder respirar. La consecuencia fue que el mercado de tanques de flotación quedó limitado a los pocos individuos que estuvieran muy motivados, como los astronautas de la NASA. Por fortuna, los tanques ya son horizontales y más espaciosos, y ahora hay cientos de centros en todo el país.

Muy pocos humanos pueden experimentar una privación sensorial pura. Siempre hay algo que incita los cinco sentidos. Incluso en el útero, el feto experimenta sonidos y movimientos. Así que privar a una persona de todos los estímulos sensoriales, como sucede en un tanque de flotación, es una experiencia intensa. ¿Qué pasaría si te privara de toda comida y bebida (a excepción del agua) durante una semana? Al final de ese tiempo, tendrías hambre y estarías incómodo (¡y enojado conmigo!), pero por lo demás bien. Si te diera entonces una manzana, la morderías y de inmediato experimentarías la manzana más deliciosa que hubieras comido jamás. Privadas de todo alimento por una semana, tus papilas gustativas estarían hipersensibles a cualquier cosa.

Los tanques de flotación consiguen este mismo efecto, pero para el cerebro. Al salir de la flotación, donde se le priva de todo estímulo sensorial por un periodo el cerebro (y la mente) es como esas papilas gustativas que no tuvieron comida durante una semana. Está hipersensible a cualquier información, mejorando su capacidad de pensar y enfocarse. Lo he visto pasar con muchas personas, incluyendo a los Seals y los Dodgers de Los Ángeles (ambas organizaciones usan tanques de flotación con regularidad). Mejoran notablemente su atención hasta unos cuantos días después de las sesiones de flotación. Los Seals disparan mejor, los jugadores ven mejor la bola, los ejecutivos encuentran nuevas soluciones a viejos problemas. (La privación sensorial total puede ser intimidante. La mayoría de los tanques ofrece la opción de una luz tenue o sonidos suaves para ayudar a los principiantes, facilitándoles la experiencia.)

Las caminatas en la naturaleza son otra manera en extremo beneficiosa de recuperarse. Casi todos nosotros vivimos en ambientes urbanos o suburbanos, y pasamos la mayor parte del tiempo caminando en interiores, así que nos alejamos de la naturaleza durante mucho tiempo. Un cuerpo creciente de investigación ha trazado un vínculo entre esta separación y el incremento en los niveles de enfermedades mentales. Cuanto más nos alejemos de la naturaleza, más depresivos y ansiosos nos volvemos. Por el contrario, volver a la naturaleza, así sea por un corto periodo —una o dos horas— puede tener un efecto increíblemente restaurativo. Numerosos estudios han confirmado este hallazgo. Un estudio de 2018 mostró que sumergirse en la naturaleza tiene un efecto restaurativo mayor que mirar un video de la naturaleza o entrenar.[2] Un artículo de 2015 concluyó que una caminata de noventa minutos en la naturaleza conduce a cavilar menos (práctica que suele ser dañina, pues implica reflexionar intensamente en las causas y consecuencias emocionales de una situación) y a una disminución de actividad en una parte del cerebro (la corteza prefrontal subgenual) asociada con la tristeza.[3] Caminar en la naturaleza mejora el estado de ánimo, calma los pensamientos acelerados y reduce la tristeza. No se trata de una mera sugerencia de algún gurú de moda; es fisiología en acción.

Caminar en la naturaleza es fácil. No necesitas transportarte hasta lo profundo de un bosque o un parque nacional. De hecho, ni siquiera necesitas un bosque; un parque o un jardín local estará bien. Sí requiere de todas maneras un poco de concentración. Guarda tu teléfono y resiste el impulso de ponerte audífonos. Deja que tus cinco sentidos se sintonicen con la naturaleza a tu alrededor. Percibe los sonidos de los pájaros, observa las plantas y los árboles, siente el aire en tu rostro y la tierra bajo tus pies.

De cierta manera, los baños de bosque son lo opuesto de los tanques de flotación, ya que activan por completo todos los sentidos, en lugar de apagarlos. Los efectos beneficiosos, sin embargo, son similares: energía renovada y más enfoque.

Otras técnicas de recuperación que he visto funcionar muy bien son el yoga y la meditación. Luego, tenemos el método de Mike Dowdy. El campeón de esquí acuático sobre tabla usa sesiones en tanques de flotación, dormir y contactar a sus seres queridos como técnicas de recuperación, pero también recomienda hacer cosas en las que es pésimo. "Hay un nuevo deporte: *wake foiling*", dice Mike. "Es muy distinto del esquí acuático; es como pilotear una vela. ¡Soy pésimo! ¡Y es difícil como la mierda! Así que me deshago de los prejuicios y mantengo la mente abierta. No pienso en ello ni le echo demasiadas ganas, sólo me divierto". Probar cosas nuevas como ésta le da a Mike la oportunidad de hacer algo movido mientras se olvida del estrés de entrenar y competir. Tal vez no sea un descanso para su cuerpo, pero sin duda es un descanso para su mente.

La guitarra de Nathan Chen tiene el mismo propósito. "En el patinaje artístico estoy intentando lograr una versión de excelencia. Cuando hago otras cosas, como tocar la guitarra, no intento para nada ser excelente. Puedo seguir trabajando para mejorar, pero no me frustro. No siento la necesidad de ser el mejor guitarrista". (Intenté contactar a Eric Clapton para ver cómo el patinaje artístico lo ayudaría a recuperarse de ser el mejor guitarrista del mundo, pero aún no me contesta.)

Por último tenemos la técnica de Erik Spoelstra para ayudar a su equipo a recuperarse de un periodo difícil: la gratitud. Practicar la gratitud tiene toda clase de efectos beneficiosos, incluyendo, de acuerdo con un estudio de 2020, disminuir la depresión, la ansiedad y activar una respuesta de estrés moderada, así que Erik le hace caso a la ciencia.[4] "Los chicos entran a los vestidores (después de un partido o un entrenamiento) y esperan que los masacremos. En cambio, a veces les pido que se sienten en círculo y que digan una razón, que no tenga que ver con el juego, por la cual están agradecidos. O les pregunto cómo llegaron aquí. Algunas de las mejores reuniones que he tenido con ellos es cuando sólo cuentan su historia. Les pongo un ejercicio: cuando se vayan de aquí, contacten a dos o tres personas que realmente los hayan ayudado. Luego, una semana después, les pregunto a quiénes buscaron". El método de Erik impulsa tanto el equilibrio como la recuperación. La actividad les recuerda a los jugadores quiénes son lejos del basquetbol y cuánto han logrado sólo por estar en ese lugar, mientras les da su espacio para recargarse.

Bienvenido a Williams Sonoma

Varios años después de iniciada su carrera en la CIA, el progreso de Patty Brandmaier se estancó. Su jefe le dijo que su carrera como analista podría estar en riesgo. Éste fue un momento de "encuéntrate a ti misma" que demostró ser un catalizador para el futuro éxito de Patty. Consideró qué valoraba, por qué quería ser reconocida, qué disfrutaba y dónde quería tener más impacto, y ajustó el modo en que abordaba su trabajo y su vida. A partir de ese momento, a través de triunfos y reveses, Patty siempre se tomó el tiempo para reflexionar sobre su experiencia y lo que aprendió de sí misma y de sus valores. "Cada vez que flaqueaba era porque perdía de vista mis metas y mis valores. Al volver a ellos recuperaba mi equilibrio, conmigo y con los demás". Enfocarse en la identidad catapultó su crecimiento, impacto y trayectoria como líder.

Para conservar esa perspectiva, Patty decidió que necesitaba más equilibrio en su vida. Pasar menos horas en la agencia y más tiempo haciendo otras cosas, pensó, podría ser útil para ayudarla a estar en sincronía con esos objetivos y metas fundamentales. A ella le encanta aprender cosas nuevas y cocinar, así que consiguió un trabajo en las noches en Williams Sonoma, un distribuidor de implementos de cocina de lujo. Incluso ayudó a abrir una tienda nueva. Además de trabajar en ventas, Patty comenzó a dedicar más tiempo a levantar pesas en el gimnasio cerca de su casa y a andar en bicicleta. Este nuevo equilibrio la ayudó a reencaminar su carrera.

El "equilibrio entre el trabajo y la vida" se ha convertido en un cliché. No obstante, es crucial para el desempeño. Una persona que sólo invierte en uno o dos aspectos de su vida se predispone a tener un desempeño mediocre. Lo cual no quiere decir que tengas que prestarles atención a los seis pilares de tu vida cada día (o siquiera cada semana o cada año). La realidad indica que muchas veces tienes que dejar que algunas de esas pelotitas se caigan. Pero debes saber que lo estás haciendo y encontrar la manera de reequilibrar las cosas en el futuro.

Si no estás seguro de cómo, ve a tu tienda Williams Sonoma más cercana y pregúntale a algún miembro amistoso del equipo. Bien podría ser miembro de la CIA.

PLAN DE ACCIÓN DE EXCELENCIA APRENDIDA: EQUILIBRIO Y RECUPERACIÓN

EL DESEMPEÑO ÓPTIMO REQUIERE EQUILIBRIO
–INVERTIR TIEMPO Y ENERGÍA EN LOS SEIS ASPECTOS
DE LA VIDA– Y RECUPERACIÓN –DARTE TIEMPO
Y ESPACIO PARA RECUPERARTE DESPUÉS DE ESE
DESEMPEÑO– PARA PRACTICAR LO SIGUIENTE:

Date permiso de dejar que se caigan las pelotitas, invertir
menos en algunos aspectos de ese equilibrio durante días o
semanas. Pero sé consciente de la situación y planea cómo
rectificarlo tan pronto como sea posible.

Date tiempo y espacio para recuperarte de tu desempeño.
Algunas buenas técnicas son dormir, hacer ejercicio,
practicar la gratitud, tener contacto con la naturaleza,
ir a tanques de flotación, hacer yoga, meditar y hacer cosas
en las que eres pésimo.

CAPÍTULO 8

PRACTICAR LA EXCELENCIA

La mayoría de la gente tiene una habilidad inherente que los lleva hasta cierto punto. Más allá de eso, mejorar es algo que se tiene que aprender.

—Nathan Chen, medallista de oro olímpico y campeón mundial de patinaje artístico

Las personas con el mejor desempeño en el mundo no nacieron siendo excelentes… aprendieron excelencia. Practican los principios que detallamos en este libro para ser mejores en su rubro cada día. Empiezan con una comprensión profunda de su identidad: ¿Cuáles son sus valores? ¿Qué los motiva? Mis clientes lo codifican en su credo personal, el cual usan para ayudarse a tomar decisiones.

Establecen grandes metas en los seis aspectos de su vida: trabajo, relaciones, salud, espiritualidad, pasatiempos y legado. ¿Qué desean cumplir en cada una de estas áreas dentro de uno, tres y seis meses? Desarrollan planes de acción para llevar esos planes a buen término.

Eligen una mentalidad que les sirva mejor que ninguna, con características como determinación y crecimiento para ayudarlos en su camino hacia la mejora constante. Activan su mentalidad por medio de aspectos que pueden controlar: su actitud, esfuerzo y comportamiento. Se presionan para tomar riesgos y en ocasiones equivocarse, y usan esas experiencias como oportunidades para practicar su mentalidad. La ajustan a partir de los distintos papeles que desempeñan en la vida, ya que lo que genera excelencia en un campo puede diferir por mucho de lo que se necesita en otro.

Priorizan el proceso por encima del resultado. Saben que si se enfocan incesantemente en su proceso, las victorias vendrán. Cuentan con las mismas veinticuatro horas en su día que el resto de nosotros, pero adoptan prácticas para asegurarse de extraer todo lo posible a ese tiempo. Valoran la consistencia, hacen cambios metódicamente y sólo después de consultar con fuentes válidas y previamente examinadas. Cuando modifican alguna parte de su proceso, lo hacen gradualmente, miden su funcionamiento, en lugar de destruir todo y empezar de cero. Tienen un método para convertir el fracaso en éxito.

Practican y aplican técnicas que les ayuden a lidiar con su respuesta humana de estrés. Entre ellas, se encuentran la visualización, planear para contingencias, la autoconsciencia, la respiración 4444, rutinas antes y después del desempeño, segmentar objetivos, contrarrestar creencias fijas, utilizar la caja negra, desempacar la caja después del evento y tener presentes a sus compañeros de equipo. Comprender y practicar estas técnicas los ayuda a permanecer tranquilos y enfocados ante el estrés de su desempeño.

Saben cómo mantener el equilibrio y darse a sí mismos espacio para recuperarse después de su desempeño. Invierten en múltiples aspectos de su vida, no sólo donde más se desempeñan. Cuando el tiempo y las circunstancias lo vuelven imposible, están conscientes del desequilibrio y tienen un plan para arreglarlo. Practican de manera activa la recuperación, para lo cual emplean técnicas que van de lo mundano (dormir, llevar a los niños al parque) a lo exótico (baños de naturaleza, tanques de privación sensorial).

Esos son los principios que cubro cuando doy conferencias sobre cómo aprender la excelencia a empresas, equipos y otras organizaciones. Al término de la conferencia, el público se muestra agradecido e intrigado. Casi siempre hacen las mismas preguntas: "¿Cómo empiezo? ¿Cuáles son los principales obstáculos para aprender excelencia? ¿Cómo puedo ayudar a mis compañeros de trabajo y de equipo a aprender excelencia? ¿Cómo les puedo enseñar excelencia a mis hijos?". (Esta última es la que más escucho.) Y, por último, "No creo tener un desempeño de élite o superior; ¿esto también aplica para mí?". Antes de cerrar este libro y dejarte ir, contestemos estas preguntas. Pista: la respuesta a la última es ¡SÍ!

¡Es mucho! ¿Por dónde empiezo?

Uno de los más grandes problemas que tienen las personas para lograr la excelencia es que se enfocan en su reputación en lugar de su identidad. Así que, si no estás seguro de dónde empezar, comprender cuál es tu identidad es un excelente primer paso. Crea tu credo personal, sigue los pasos del capítulo 3 para tener una base de valores sobre la que puedas construir tu excelencia. Lo que haces, con quiénes trabajas y otros factores externos pueden variar, pero la base de quién eres y quién aspiras a ser cambia muy poco. Invierte tiempo en aprenderlo y comprenderlo.

Luego establece metas: a corto, mediano y largo plazo. El tiempo exacto puede cambiar, pero por lo general les digo a mis clientes que empiecen con uno, tres y seis meses. Establece estas metas en todos los aspectos principales de tu vida (el trabajo y la familia son buenos lugares por dónde empezar) y ten un plan de acción para cumplirlas.

Para alcanzar tus metas, sé más disciplinado con tu manera de administrar el tiempo. Te sugiero un método en el capítulo 5; hay otros que son igual de efectivos. Si se te dificulta adoptar prácticas para tener una mejor gestión del tiempo, empieza poco a poco, quizá probándolo sólo un par de días a la semana. Valora cómo te va y luego extiéndelo hasta llegar al punto en que estés invirtiendo intencionalmente todas tus horas de vigilia en tus prioridades. Esto no quiere decir que tengas que estar "encendido" o ser productivo todas esas horas, simplemente que, cuando holgazanees, también lo hagas de manera intencional.

Crea un ecosistema de retroalimentación. ¿Quiénes son las personas que te pueden dar la mejor información sobre tu desempeño, que hayan sido evaluadas (tienen en mente tu beneficio) y sean válidas (saben de lo que están hablando)? Identifica a estas personas, pídeles su ayuda y agenda reuniones periódicas. Identifica un compañero de responsabilidad, alguien que te ayude a estar al pendiente de tus metas de progreso y establece asimismo una cadencia regular con esa persona.

¿Cómo abordas el riesgo? ¿Te gustaría ser más una persona que toma más riesgos o menos? ¿Cómo lidias con el fracaso? O mejor aún, ¿cómo quieres lidiar con él? ¿Cuál es el proceso que vas a usar para aprender de él y mejorar? Reflexiona sobre estos puntos y escríbelos. Nuestra manera de abordar el riesgo y el fracaso es fundamental para nuestra mentalidad, así que hacer un inventario es un buen principio.

Hay diez técnicas de tolerancia a la adversidad. Elige una de ellas —por lo general recomiendo la respiración 4444— y practícala hasta que se convierta en una segunda naturaleza para ti. Luego elige otra y otra.

Ahí tienes tu lista de tareas para empezar. ¿Es demasiado? Entonces encárgate de ellas de una en una. Empieza con la primera, experiméntala durante un tiempo y luego pasa a la siguiente. En realidad, no es relevante cuál elijas, sólo escoge una y empieza. ¿Recuerdas a Carli Lloyd, la campeona mundial de futbol femenil y medallista de oro olímpico que conociste en el capítulo 3? Impulsó su ascenso al éxito haciendo listas y trabajando en ellas. "Si no podía hacer algo, lo seguía intentando. Cuando haces muchas veces algo se vuelve un hábito. Empecé poco a poco y me volví un poquito mejor todos los días", dice.

Sé como Carli. Haz una lista y ponte manos a la obra.

El corolario de la pregunta sobre cómo empezar es "¿Cuáles son las barreras más grandes para las personas que quieren aprender excelencia?". La respuesta es fácil: las excusas. No sé por dónde empezar. No tengo tiempo. Lo haré después. No estoy seguro de poder hacer esto. Tal vez tengas otras más creativas. Las excusas son una forma de diálogo interno negativo, así que, si las escuchas en tu cabeza, ya sabes qué es lo primero que debes hacer para aprender excelencia: contrarrestar el diálogo interno negativo y acabar con las excusas. *Sí* sabes dónde empezar; te acabo de decir. *Sí* tienes tiempo; de hecho, hacer esto bien libera tiempo en tu agenda. No deberías postergarlo porque, ¿tendría sentido retrasar algo que te volverá más sano, más feliz y más exitoso? Y sí, sí puedes hacerlo. Cualquiera puede.

¿Cómo puedo ayudar a mis compañeros de trabajo y de equipo para que aprendan excelencia?

Los pilares de *Cómo aprender la excelencia* pueden aplicarse tanto a individuos como a equipos. Éste es un gran componente del liderazgo: ¿Cómo puedo incrementar la excelencia de mi equipo? ¿Cómo puedo ayudar a mis colegas y a mis compañeros de equipo (o a los miembros de mi equipo) para que aprendan excelencia, incluso a aquellos que no se sientan tan motivados a hacerlo?

Empieza por modelar excelencia. Muéstrale a la gente alrededor de ti cómo se ve la excelencia aprendida. Sigue los principios que comenté en este libro, pero da un paso extra compartiendo lo que estás haciendo con otros. Habla de tu credo, comparte tus metas con tus compañeros de equipo, muestrales cómo tratas los fracasos como pivotes y ayuda a otros a practicar la respiración 4444. La excelencia aprendida es contagiosa, así que compartir tus prácticas y tus resultados con otros puede despertar su curiosidad para que quieran probarlo. Recuerda los mantras simples: conoce tu credo, confía en el proceso, controla lo controlable y *cajanegréalo*. Esto hace que los principios sean más accesibles y más fáciles de recordar.

Crea un ambiente donde se pueda expresar lo que uno piensa. El pensamiento colectivo, donde todos los miembros del equipo compiten por ver quién puede concordar más rápido con el líder es una modalidad de fracaso en los equipos. Anima a todos los miembros del equipo a que pongan de relieve su perspectiva y sus opiniones personales tan seguido como puedan. Una buena técnica para practicar esto son las "revisiones después de la acción" que discutimos antes. Después de cualquier evento importante, júntense como equipo para hablar de lo que salió mal y lo que se puede mejorar. Una forma sencilla de hacer esta revisión es usar la frase "un acierto, algo para mejorar". ¿Qué cosa salió bien? ¿Qué cosa podemos hacer mejor? Es un pequeño mantra muy útil que rápidamente puede conducir a una conversación honesta. El proceso de revisión es tan importante como los resultados. Es vital que cada miembro del equipo sienta que puede ser abierto y honesto para aportar su propia retroalimentación sin miedo al juicio ni a las repercusiones. Esto es particularmente útil para los nuevos miembros del equipo que suelen sentirse más reacios a expresarse en un ambiente nuevo.

Para contrarrestar todavía más el pensamiento colectivo, muchos equipos deportivos y grupos militares asignarán un abogado del diablo en las juntas donde se estén debatiendo decisiones importantes. El papel de esta persona es cuestionar la dirección prevaleciente en la conversación, buscar puntos ciegos y hacer las preguntas difíciles. Si todos se inclinan hacia una decisión, la labor del abogado del diablo es cuestionar la sabiduría de esa decisión. En el ejército se alterna este papel en cada junta y así todos los miembros del equipo tienen su turno como la voz en desacuerdo.

Practica el diálogo interno positivo en el equipo. Las organizaciones pueden ser rigurosas, demandantes y enervantes; a veces, nada parece lo suficientemente bueno. Así que sé el porrista del equipo: refuerza lo que ha estado funcionando, celebra las buenas noticias con entusiasmo y trata de terminar cada día o cada semana con optimismo. Las emociones son contagiosas, así que practicar una actitud positiva en un equipo contagiará a otros.

Comprende los motivadores intrínsecos de los miembros del equipo. Los motivadores extrínsecos abundan en casi todos los ambientes grupales. La mayoría de las empresas, por ejemplo, tienen procesos de evaluación del desempeño que asignan periódicamente una calificación a cada miembro del equipo, la cual determina cuestiones críticas, como aumentos y promociones. La gente está sujeta a indicadores clave del desempeño que miden casi todos los aspectos de lo que realizan todos los días. En básicamente todos los campos, estamos entrenados para crear y registrar varios parámetros que nos dicen qué tan bien nos está yendo. Así que es natural que, al discutir el desempeño, sean estos factores extrínsecos los que reciban toda la atención.

Es igual de natural que esos factores extrínsecos motiven sólo parcialmente el desempeño alto. Sí, quieres hacerlo bien para obtener una buena calificación o puntuación por tu desempeño, lo cual podría conducir a un aumento de sueldo o a asistir a esa grandiosa escuela. Pero también quieres hacerlo bien por cómo te hace sentir, cómo se alinea con tus valores, cómo disfrutas tener éxito en equipo o cómo el trabajo te emociona o te inspira. Los factores extrínsecos sólo llegan hasta cierto punto en lo que a motivar la excelencia se refiere. Los intrínsecos son los que nos empujan hasta la cima. Para conseguir un desempeño mejor de parte de los miembros del equipo, aprende más sobre sus motivadores intrínsecos. ¿Cuáles son sus valores fundamentales, cuál es su motor? Aprender estas cosas de tus compañeros de equipo, así como de ti mismo, puede ser útil para tener una comprensión más profunda de cómo mejorar el desempeño del equipo.

Bob Reiff tuvo una oportunidad de oro para ayudar a su equipo a empezar a adaptarse a los principios de *Cómo aprender la excelencia* durante la pandemia de Covid en 2020 y 2021. He trabajado con Bob desde 2020. En aquel entonces, Bob era vicepresidente senior en Lincoln Financial en San Luis y me contrató porque quería que les enseñara, a él y a su equipo, cómo desempeñarse de manera óptima ante la adversidad. Cuando empezó la pandemia, Bob vio que era una buena oportunidad para observar, influir y mejorar cómo veía su equipo el trabajo, en particular sus mentalidades. Modeló y comunicó cómo quería enfocarse en los aspectos que era posible controlar —la actitud, el esfuerzo y el comportamiento— y les recordaba con frecuencia que se quedaran en el círculo. Los asesoró para que pudieran ver los fracasos como una oportunidad para aprender y adaptarse, y desarrolló programas de entrenamiento a partir de los principios de *Cómo aprender la excelencia*. Compartió sus prácticas de visualización y diálogo interno positivo, las cuales aprendió desde sus años como jugador de futbol americano en la preparatoria, con sus líderes y miembros del equipo. Los instó a dormir, nutrirse y hacer ejercicio. Pasó más tiempo escuchando y le recomendó a su equipo de líderes que hicieran lo mismo, lo cual les ayudó a desarrollar una comprensión más holística de las vidas y los motivadores de los miembros de su equipo.

Los resultados fueron en su mayoría grandiosos. "Quedé muy impresionado con su resiliencia", recuerda. "Mucha gente se encontró a sí misma durante la pandemia. Cuestionaron cómo abordaban su negocio, cómo entraban al mercado. Vi mucha autoevaluación; se volvieron mejores para preguntarse constantemente a sí mismos cómo podían ser mejores". Sin embargo, no todos prosperaron. En el equipo de Bob había algunas personas sin tantos recursos y a las cuales les costaba mucho trabajo adaptarse a nuevas normas en el negocio. Pero fueron una minoría. En general, Bob se dio cuenta de que, al modelar y comunicar sus principios de excelencia, su equipo aprendió y prosperó.

¿Cómo les puedo enseñar la excelencia a mis hijos?

Ésta es la pregunta que más escucho. Los padres siempre quieren lo mejor para sus hijos, por supuesto, pero por la gente que hace esta pregunta (y por mí mismo, como padre de dos) tengo la sensación de que el mundo en que estamos criando a nuestros hijos hoy en día es más angustioso que nunca y los padres están buscando ayuda. La siguiente generación consiste de nativos digitales que nunca han vivido en un mundo sin las estridentes redes sociales, la infinita reproducción de videos y la información del mundo entero al alcance de la mano. ¿Bendición? ¿Maldición? Uno podría alegar que son ambas, pero no cabe duda de que es la realidad que deben navegar padres e hijos. ¿Cómo pueden inculcar los principios de la excelencia en sus hijos en medio de todo este ruidoso mundo digital?

Derrick Walker tiene un método inteligente. Derrick es el exjugador de beisbol de ligas menores y candidato a Navy Seal que ahora es un líder empresarial de Nike. Además de forjar esta interesante carrera, Derrick y su esposa han encontrado el tiempo para tener ocho hijos. Derrick comenta con orgullo que, si bien hay una buena cantidad de caos en su hogar ("somos buenos para jugar a defender la zona"), su esposa y él guían con amor y compasión, y han conducido con éxito a sus hijos a través de múltiples retos. ¿Su secreto? El fracaso. "Casi todo mi desarrollo se dio como resultado del fracaso", dice Derrick. "Los padres deben dejar que sus hijos sigan su camino y darles oportunidades de fallar. Los animamos a ponerse en situaciones donde podrían fallar. El fracaso no es inevitable, pero hay un montón de situaciones que presentan decepciones y tropiezos cuando estás creciendo. Mi trabajo es ayudarlos a fallar hacia delante y caminar con ellos a lo largo de su viaje".

Peter Naschak, el Navy Seal retirado, es otro promotor de impulsar a los hijos a arriesgarse. A Peter lo crio una madre soltera muy joven; era parte de su naturaleza poner a sus hijos en situaciones donde podrían fallar. "No permitía que nos quejáramos para no hacer algo que no queríamos hacer", dice Peter. "Nos decía: probemos y a ver qué pasa". Peter recuerda un viaje familiar a Hawái cuando tenía como nueve años. "Estábamos viendo a unos tipos echándose clavados desde un acantilado. Yo tenía muchas ganas de aventarme, pero me daba miedo. Mi mamá podía ver que quería intentarlo, así que me recomendó pedirle ayuda a uno de los clavadistas. Me daba más miedo hablar con un extraño que echarme un clavado. Así que dijo, 'No nos vamos a ir hasta que hables con uno de ellos'". Peter eventualmente se acercó a uno y, con su ayuda, pronto estaba cayendo al agua desde las rocas. "Me ponía en estas situaciones muy seguido [pedirle ayuda a un extraño, supongo, no echarse clavados de un acantilado]. Eso me dio más herramientas de las que hubiera adquirido si mi mamá hubiera controlado siempre todo".

Este método de impulsar a los niños es consistente en todos los ejecutantes con quienes he trabajado. Su consejo número uno para los padres es siempre poner a sus hijos en situaciones que los reten, donde haya suficientes oportunidades para tener éxito, pero también para fracasar. El consenso es que la siguiente generación es más renuente a arriesgarse que su predecesora, quizá debido al miedo a dañar la reputación en la era de las redes sociales. Para contrarrestar esto, los padres deben animar a sus hijos a correr riesgos. De esa manera pueden experimentar "microfracasos", instancias en las que las cosas no salgan como se había planeado, pero las consecuencias sean relativamente menores. Ellos descubren su resiliencia y desarrollan una actitud más sana respecto al riesgo.

Marcus Luttrel, el Seal retirado, tiene como meta decirles a sus hijos por lo menos tres veces al día que los ama. Pero también considera que "Si no presionas a un niño, la vida lo hará. Axe [su hijo] me dice todo el tiempo que lo obligo a hacer cosas en contra de su voluntad. Le contesto que él no lo intentaría si yo no lo forzara".

Otro consejo para padres de Derrick Walker es emplear una técnica que usan los entrenadores: preguntar y escuchar. "Tratamos de hacerles preguntas que los hagan reflexionar", dice Derrick. "¿Por qué hiciste eso? ¿Hay otra manera de pensar en eso? ¿Este proceso mental es el más beneficioso que hay? ¿Cómo puedes pensar de otra manera? En ocasiones esperan que yo diga algo, pero no lo hago. Mantengo la ambigüedad para que tengan que pensar un poco más en ello".

Esta forma de cuestionamiento abierto que propugna Derrick también es un tema común entre los padres que aconsejo sobre su desempeño. Steve Pitts, el exjefe de policía de Reno, tiene tres nietos. Le encanta hacerles preguntas, incluso cuando sabe la respuesta. "Lo mejor que puedes hacer es hablar con ellos y hacerles preguntas. Cuando me preguntan a mí, se las reviro. ¿Por qué me preguntaste eso?". Este ligero ajuste verbal es una forma de fracaso en sí mismo. Cuando los niños se aventuran a responder una pregunta cuya respuesta no conocen, están tomando un riesgo. Si se equivocan (fallan), aprenderán de la experiencia y lo intentarán de nuevo.

Mi esposa y yo tenemos dos hijos, ambos ya en camino de convertirse en adultos cariñosos, interesantes y exitosos. Al igual que Derrick y Steve, nos gustaba hacerles preguntas cuando eran más chicos. Lo llamábamos el "juego del porqué", preguntando cosas que usualmente fluyen a la inversa en una típica relación de padre e hijo: ¿Por qué el cielo es azul? ¿Por qué los peces tienen escamas? ¿Por qué las flores tienen colores tan brillantes? La respuesta —el qué— es irrelevante. Es el proceso de razonamiento —el cómo y el porqué— lo que importa. (De nueva cuenta, enfócate en el proceso, no en el resultado.) Quizá la razón de que yo haya disfrutado tanto este juego fue porque gran parte de mi educación giró en torno a la regurgitación masiva de datos, que era todo sobre el qué y nada que ver con el cómo ni el porqué. Mi esposa y yo queríamos evitar esto con nuestros hijos. El juego del porqué nos ayudó a criar personas más curiosas que no tienen miedo de buscar las respuestas cuando no las conocen.

El diálogo interno negativo empieza a temprana edad, así que muchos de los padres con quienes trabajo están pendientes de eso. El ejecutivo de seguros Ted Brown escucha a sus hijos a la hora de la cena en busca de diálogos internos negativos . Tiene un mantra con uno de sus hijos, quien es particularmente propenso a dudar de sí mismo. "Diariamente le digo, eres un buen niño, eres una buena persona", dice Ted. "Hago que lo repita. Luego le digo, vas a poder resolver cualquier reto que la vida te ponga, y también hago que repita eso". Estos mantras se convertirán en creencias y se quedarán con ese joven el resto de su vida.

Saca a los niños de su zona de confort. Ínstalos a correr riesgos para que puedan practicar cómo aprender y recuperarse del fracaso; prueba y aprendizaje, no prueba y error. Hazles preguntas y no les digas las respuestas; deja que ellos las encuentren por sí mismos. Escucha con atención por si hay diálogos internos negativos y enséñales cómo reemplazarlos con otros positivos.

Por lo general, todo esto se puede lograr con unas cuantas preguntas muy sencillas.

"¿Por qué?". Esto les crea el hábito de un pensamiento resiliente, de solucionar cosas y no verse obstaculizados cuando no les salga a la primera.

"¿Qué aprendiste hoy que no sabías ayer?". Esta pregunta fomenta la curiosidad y el aprendizaje.

"¿Fuiste valiente?". Les recuerda esforzarse fuera de su zona de confort.

Por último, "¿Fuiste amable, sobre todo contigo mismo?". Porque la amabilidad engendra resiliencia.

No siento que sea una persona que tenga un desempeño de élite o superior; ¿esto también aplica para mí?

Piensa en alguien a quien admires. Podría ser un artista, un atleta, un académico, un empresario, político o líder social, un héroe. ¿Estás pensando en esa persona? Ten una imagen en tu cabeza, ¿a lo mejor puedes tararear una de sus canciones al mismo tiempo? Ahora, te garantizo que esa persona tuvo que aprender a ser excelente. Puede tener algunas habilidades extraordinarias con las que fue bendecido de manera natural, pero los aspectos mentales de la excelencia, su *software*, ¿las cosas que lo hacen ser el mejor? Esas las tuvo que aprender. Pudo haber sido un proceso natural, ya que pudo absorber esas prácticas sobresalientes de sus padres, maestros, mentores, entrenadores y amigos. Esas cosas también pueden ser resultado de un esfuerzo deliberado, como es el caso de muchas personas con quienes he trabajado. Pero una cosa sí no son: innatas. Las habilidades mentales de un desempeño de élite no son genéticas ni vienen incorporadas. Lo cual quiere decir que las podemos aprender. Cualquiera puede.

Entonces, ¿y qué si no eres parte de la élite de tu campo, con un desempeño considerado de alto nivel? La mayoría de la gente no lo es. Pero sigues siendo un ejecutante. No en el sentido de que des un espectáculo, sino en el sentido real de la ejecución, aquella de la que extraes placer y satisfacción por hacer tu mejor esfuerzo, donde haces una diferencia y donde te importa qué pasa. Te desempeñas en tu trabajo y en tus clases. Te desempeñas como hijo, padre, hermano y pariente. Te desempeñas en tu iglesia y en tu comunidad. Te desempeñas como atleta, ya sea que corras ultramaratones o sólo le des la vuelta a la manzana y te regreses. Te desempeñas como amigo. Te desempeñas como pareja. Te desempeñas.

En cada uno de estos campos, puedes lograr una mejor ejecución. Puedes tomar los principios que expuse en este libro, aprenderlos y practicarlos, e integrarlos a tus hábitos cotidianos. Puedes mejorar día con día, aprendiendo constantemente de ti mismo y de tu ambiente. Verás que es más fácil de lo que piensas y muy divertido. Sí puedes.

Tal vez todavía tengas esa sensación agobiante: no soy alguien que se desempeña realmente y todo esto parece mucho trabajo. O, no me importa mejorar, estoy bien así. Déjenme en paz.

No, ¡no te voy a dejar en paz! Porque creo que las habilidades de un desempeño de élite se encuentran al alcance de todas las personas, son fáciles de aprender y sencillas de practicar. Además creo, porque lo he visto miles de veces, que se siente genial alcanzar tu potencial. ¿No me crees? Prueba. Aprende excelencia, sólo una semana, y ve qué pasa. Ve cómo se convierte en otra semana, un mes, un año, una forma de vida. Ve cómo te va mejor en el trabajo y en la escuela, en casa, en tu comunidad y en tus relaciones. Siente lo bien que se siente. Suena bien, ¿no? Todavía no estás ahí, pero llegarás.

El historiador, escritor y filósofo estadounidense Will Durant escribió, "Somos lo que hacemos repetidamente. La excelencia, entonces, no es un acto, sino un hábito".[1] Vuélvelo el tuyo. Aprender excelencia empieza ahora.

PLANES DE ACCIÓN DE EXCELENCIA APRENDIDA

Modelos de planes de 30, 90 y 180 días
Usa estas plantillas de muestra para ayudarte a empezar
con un plan de acción de excelencia aprendida

Plan de acción de excelencia aprendida 30 días	Fecha de término
Crea tu propio credo de diez palabras (marcadores de identidad/valores) en los próximos diez días.	
Identifica, escribe y comparte verbalmente con un amigo, compañero de trabajo o entrenador una meta de los siguientes seis pilares: trabajo, relaciones, salud, espiritualidad, pasatiempos, legado.	
Identifica cuatro o seis personas que puedan ser nodos de información para ti, verificados y válidos. Asegúrate de que sea gente capaz de darte una retroalimentación confiable.	
Elimina el "espacio en blanco" en dos días de tu agenda semanal y aplica un código de color para ellos con tareas en rojo, amarillo o verde.	
Practica 4444 (inhalar cuatro segundos, exhalar cuatro-seis segundos, cuatro minutos, cuatro veces al día) tres días a la semana. (Recuerda: la clave son seis respiraciones por minuto.)	
Identifica tus cuatro papeles principales (trabajador, padre, pareja, etcétera) y elige tres palabras que consideres que necesita tu mentalidad para enfocarse en cada uno de esos papeles.	

Desarrolla una rutina de desempeño que te ayude en la transición para entrar y salir de cada uno de esos papeles (mantra, una palabra de recordatorio en tu teléfono, música, meditación).	
Como parte de tu rutina antes de dormir, visualiza (con tantos sentidos como te sea posible y durante tres minutos aproximadamente) algo que te haya salido bien en el día; hazlo cuatro veces a la semana.	
Agenda una sesión en un tanque de flotación o una clase de yoga, o empieza a escribir un diario de gratitud: documenta las cosas por las que estás agradecido y léelo y agrega más cosas tres veces a la semana.	

Plan de acción de excelencia aprendida 90 días	Fecha de término
Enséñale a alguien lo que significa "permanecer en el círculo". Actitud, esfuerzo y comportamiento son las únicas cosas que puedes controlar. Enseñarlo significa que te lo sabes.	
Identifica, escribe y comparte verbalmente con un amigo, un compañero de trabajo o un entrenador dos metas de los siguientes seis pilares: trabajo, relaciones, salud, espiritualidad, pasatiempos y legado.	
Esfuérzate por salir de tu zona de confort por lo menos una vez a la semana (ofrécete como voluntario para un proyecto, haz más preguntas, prueba un nuevo entrenamiento o pasatiempo, sal con alguien, pide retroalimentación).	
Elimina el "espacio en blanco" en cuatro días de tu agenda semanal y asígnales un código de color a esos cuatro días de tareas, sean rojo, amarillo o verde.	
Practica 4444 (inhalar cuatro segundos, exhalar cuatro-seis segundos, cuatro minutos, cuatro veces al día) cinco días a la semana. (Recuerda: la clave son seis respiraciones por minuto.)	
Practica la visualización una noche antes de algún desempeño importante (evento deportivo, presentación, junta con un cliente, cita, reunión con el equipo) y entre una y tres horas antes del evento.	

Desarrolla planes de contingencia antes de tus eventos/desempeños más importantes (varios planes para replegarte si algo sucede, respuestas a varias preguntas, etcétera).	
Monitorea/registra la cantidad de horas que duermes en promedio cada noche. Intenta que sean entre siete y nueve horas de sueño por lo menos seis días a la semana.	
Practica el diálogo interno positivo y examina tu sistema de creencias. Revísalo cada semana y busca evidencia cuando se te ocurran pensamientos negativos (reta los pensamientos irracionales).	

Plan de acción de excelencia aprendida 180 días	Fecha de término
Reexamina tu credo personal (diez palabras de marcadores de identidad/valores) y determina si hay palabras que necesitas añadir o eliminar.	
Rétate y recuérdate ser más orientado hacia una mentalidad de "desafío" versus "amenaza" (con su correspondiente diálogo interno) cuando haya obstáculos. Lleva la cuenta de la cantidad de veces que tu mentalidad es de desafío ("no es nada más que un reto") en lugar de amenaza ("mi reputación, mi ego, juicios"). La meta es ochenta por ciento de declaraciones sobre el desafío.	
Crea el hábito de sólo cambiar una cosa en tu proceso a la vez. Luego mide los resultados. Cambiar demasiadas cosas demasiado rápido es un método caótico para mejorar.	
Elimina el "espacio en blanco" de seis días de tu agenda semanal y asigna un código de color a las tareas, sea rojo, amarillo o verde.	
Practica 4444 (inhalar cuatro segundos, exhalar cuatro-seis segundos, cuatro minutos, cuatro veces al día) cinco días a la semana. (Recuerda: la clave son seis respiraciones por minuto.)	
Establece dos metas grandes en tres áreas (trabajo, relaciones, salud) y segméntalas en objetivos más pequeños y manejables. Establece una meta de seis meses para cada una de esas áreas y segméntalas en objetivos de un mes usando el acrónimo SMART. Mide esas metas más chicas que cumples mes con mes.	

Practica *cajanegrear* los desaciertos, los errores y las equivocaciones, y permanecer "enfocado en la misión" hasta el final de tu desempeño. Luego desempaca la "caja" y aprende de tus errores.	
Haz una evaluación de autoconsciencia al mes (con el código de color verde, amarillo y rojo) en las siguientes áreas: eventos de vida, estrés, estado de ánimo, sueño, salud, uso de sustancias, concentración y clima en el lugar de trabajo. Si tienes un evento amarillo o rojo, crea un plan para atender esas áreas de "signos vitales del desempeño mental". Hazlo de manera que no afecte tu desempeño.	
Crea bloques de pausas o restricciones de "tecnología" (correos, teléfonos/textos, redes sociales) en tu agenda diaria (incluso el compromiso de pequeños descansos es beneficioso).	

AGRADECIMIENTOS

E ste libro no hubiera sido posible sin la participación de los magníficos ejecutantes que se mencionan a continuación. Cada una de estas maravillosas personas nos dieron su tiempo y su apoyo, todos con la misma energía y pasión que los ayudaron a convertirse en los mejores en su oficio. Muchas, muchas gracias:

- Alex Krongard, contraalmirante Seal retirado, antiguo miembro del Consejo de Seguridad Nacional.
- Alex Myers, atleta profesional de deportes electrónicos.
- Andy Walshe, antigua cabeza de Desempeño Humano para Red Bull, exdirector de desempeño de élite de la selección nacional de esquí y surf sobre nieve de Estados Unidos.
- Anthony Oshinuga, piloto acrobático profesional.
- Ben Potvin, artista retirado de Cirque du Soleil, entrenador y director creativo.
- Blaine Vess, emprendedor, inversionista y filántropo.
- Bob Reiff, ejecutivo de negocios y líder.
- Carli Lloyd, seleccionada nacional de futbol femenil de Estados Unidos, dos veces campeona de la Copa Mundial FIFA y dos veces medallista de oro olímpico, dos veces nombrada jugadora del año por la FIFA.
- David Colturi, exseleccionado nacional de Estados Unidos en clavados de diez metros y campeón de clavados de altura para Red Bull.

- David Wurtzel, dos veces campeón mundial del Desafío de Combate para Bomberos (2017-2018).
- Deena Ryerson, asistente del fiscal general en el Departamento de Justicia de Oregon.
- Derrick Walker, líder empresarial de Nike, exjugador de beisbol y candidato a Navy Seal.
- Erik Spoelstra, entrenador, equipo Miami Heat de la NBA, bicampeón de la NBA.
- Ian Walsh, surfero profesional de grandes olas.
- Jim Lindell, jefe maestro retirado de los Navy Seals, francotirador en la operación de rescate del capitán Phillips, rehén de piratas somalíes.
- John Marx, oficial de policía retirado y negociador de rehenes.
- Joseph Maroon, neurocirujano, triatleta/Ironman, médico de los Acereros de Pittsburgh.
- Katy Stanfill, piloto de helicóptero de la Armada retirada, oficial de la Armada, atleta de la Academia Naval de Estados Unidos.
- Marcus Luttrell, Navy Seal retirado, "Único sobreviviente" de la Operación Alas Rojas.
- Michael Dauro, antiguo comandante/líder de pelotón de los Navy Seals.
- Mike Dowdy, atleta de esquí acuático sobre tabla, campeón mundial en 2016.
- Nathan Chen, medallista de oro olímpico en patinaje artístico individual en 2022, tres veces campeón mundial, seis veces campeón nacional de Estados Unidos.
- Patty Brandmaier, exanalista de la CIA y ejecutiva senior.
- Penelope Parmes, tres veces campeona mundial de baile de salón, abogada retirada.
- Pete Naschak, jefe maestro retirado del Comando de la Armada, equipo 5 de los Seal.
- Rich Hill, pícher de las grandes ligas.
- Steve Idoux, productor/presidente, Lockton Dallas.
- Steve Pitts, exjefe de policía, Reno, Nevada.
- Ted Brown, productor/presidente, Lockton Denver.
- Tim Murphy, antiguo miembro del congreso de Estados Unidos (Pensilvania), 2003-2017.

- Toby Miller, atleta profesional de esquí sobre nieve.
- Victor Zhang, director de inversiones, American Century Investments.

Me gustaría agradecer a mi esposa, Andrea, y a mis dos hijos, Lauren y Bryce, por su incansable amor, apoyo y ánimo a lo largo de los años. Me siento más orgulloso que nada de mis papeles como esposo y como padre. Las claves de nuestra unidad familiar siempre han sido la comunicación, la confianza, el respeto, el compromiso, la curiosidad y la diversión. Ha hecho que todo sea fácil y nuestro hogar sea realmente un santuario. Ustedes son los cimientos y siempre me están impulsando para abarcar todavía más en mi pasión por ayudar a otros a alcanzar su potencial. El mejor equipo del que he sido parte es mi familia. La familia siempre va primero y mi trabajo sólo es posible gracias a su amor y entusiasmo. ¡Qué viaje tan fantástico ha sido!

Un agradecimiento enorme a mis padres, Georges y Susie. Mis valores, mi ética laboral y mi pasión empezó con ustedes. Este libro y mi carrera no hubieran sido posibles sin su apoyo y dirección constantes desde el principio.

Tengo un ecosistema especial de amigos queridos, casi como mi consejo de administración personal. El director de ese consejo es mi amigo más cercano, Steve Godfrey. ¡Mereces un enorme agradecimiento! Eres uno de los pensadores más reflexivos y compasivos que conozco. Ya sea que me dejes rebotar ideas contigo, tuerzas mi brazo para que encuentre más tiempo para esquiar, caminar o andar en bicicleta, o uses el humor para distraerme del trabajo, tu amistad ha sido crucial para mantenerme equilibrado y que pudiera terminar este libro.

Quisiera agradecer a mis mentores, el doctor William Perry y el doctor Jim Bauman. Bill fue mi asesor de tesis y me impulsó a establecer y alcanzar estándares altos para convertirme en un buen clínico e investigador, y para comprender que el camino más difícil y menos transitado siempre será el que valga la pena tomar. Jim es uno de los mejores psicólogos del deporte que he conocido y fue mi gran mentor en mi transición laboral hacia el deporte profesional. Nunca he visto a alguien conectar mejor con los atletas. Tienes la triada: eres alguien con quien uno se puede relacionar, paciente y brillante. Gracias a los dos por hacer de mí una mejor persona y un mejor profesional.

Un agradecimiento especial a los miembros del ejército de Estados Unidos, y en particular a los miembros de las Operaciones Especiales de Estados Unidos. En ese grupo en particular, un agradecimiento de corazón a los Navy Seals de Estados Unidos y a sus familias. Ser el psicólogo clínico y de desempeño en servicio activo de este grupo de seres humanos increíbles siempre será el trabajo más relevante, significativo e importante de mi vida profesional. La mayoría de la gente nunca entenderá los sacrificios diarios que hacen por nuestra nación y por aquellos que más lo necesitan en el mundo. Durante mis diez años con los Seals, ustedes me enseñaron muchísimo. Son el pináculo del desempeño humano, sobre todo en el dominio de la fortaleza mental. Y un agradecimiento especial para las parejas y las familias de la comunidad de Operaciones Especiales. Su constante sacrificio (que los envíen a otras partes, no saber los detalles de las misiones ni de los operativos casi diarios de su pareja, etcétera) y su capacidad para navegar este sacrificio con perseverancia, convicción, inventiva y resiliencia es un superpoder como ningún otro. Fue un honor trabajar con estos guerreros especiales y conocer a sus familias. Siempre seré leal al Comando Especial de Guerra Naval y estaré a una llamada de distancia... en cualquier momento, en cualquier lugar.

Gracias a los rescatistas. Tengo amigos muy queridos que son oficiales de policía y bomberos, y he pasado la última década dando pláticas en docenas de departamentos de policía y estaciones de bomberos, en conferencias y cumbres con el propósito de aprender de ellos y ayudarlos a mejorar su resiliencia y excelencia. ¡Me asombran constantemente por cómo son y por lo que hacen! No muchos humanos eligen una vida en la que corren hacia el peligro. Cada uno de ustedes es un regalo para su comunidad. Gracias.

Gracias a los Dodgers de Los Ángeles, y sobre todo a Stan Kastan, Andrew Friedman, Josh Byrnes, Billy Gasparino y Dave Roberts. Cuando me contrataron en 2016, me empoderaron para crear los programas de evaluación, selección, desarrollo y optimización del desempeño mental. Les agradezco que me permitieran crecer, pasar más tiempo con mi familia y enfocarme en años posteriores en el sorteo, la búsqueda y la adquisición de talento. Por muchos años he dicho, "Para poder forjar las mejores espadas, necesitas el acero correcto". Asimismo, un agradecimiento especial al difunto Tommy Lasorda. Siempre tendré una sonrisa cuando piense en nuestras muchas comidas juntos y en tus fantásticas historias de cualquier cosa, desde tus recuerdos de los juegos hasta qué restaurantes servían la mejor pasta. La organización de los Dodgers encarna clase, innovación y excelencia sostenida, y todos han sido momentos destacados en mi carrera profesional.

Gracias a la Oficina de Defensa de Prepublicación y Revisión de Seguridad. En esa oficina, Doug McComb y Paul Jacobsmeyer fueron extremadamente profesionales y minuciosos al revisar el manuscrito para asegurarse de que estuviera protegido y no se expusiera información de carácter no público. Los dos fueron atentos e hicieron el proceso indoloro. Su comunicación constante y sus enmiendas fueron sinceramente apreciadas.

Gracias a la Junta de Revisión de Clasificación de Publicaciones de la Agencia Central de Inteligencia por revisar los extractos de las entrevistas y las anécdotas dentro de nuestro manuscrito. Su respuesta rápida y concisa fue impresionante y nos permitió cumplir con nuestras fechas de entrega.

Gracias, Marina Krakovsky, nuestra investigadora, quien nos enriquece con su curiosidad y sus hallazgos, nos desafía con sus comentarios y preguntas, y nos vuelve mejores con sus sugerencias de edición. ¡Nos vemos en el siguiente libro, Marina!

Gracias a nuestra editora, Hollis Heimbouch, que no sólo es una magnífica caja de resonancia y una tremenda artífice de la palabra, sino una maratonista y triatleta. Al tratarse de alguien que se desempeña en deporte, cuando Hollis nos dijo que apreciaba nuestro material, supimos que teníamos algo bueno. Y gracias a nuestro agente sin igual, Jim Levine, que nos contactó con Hollis y tomó algunas de nuestras llamadas mientras practicaba la excelencia caminando por las calles de la ciudad de Nueva York.

Por último, gracias a los miles de otros ejecutantes —personal militar, atletas, personas de negocios, legisladores, abogados, artistas, líderes de desempeño humano y profesionales médicos— con quienes he tenido el placer de trabajar a lo largo de mi carrera, como clientes y como colegas. Ha sido un honor.

NOTAS

Capítulo 1. Tu desempeño

[1] La teoría de la autodeterminación, sustentada en un cuerpo grande de investigación, postula que la competencia es una de las tres necesidades psicológicas innatas (junto con la autonomía y la afinidad) que contribuyen a nuestro bienestar. Richard M. Ryan y Edward L. Deci, "Self-Determination Theory and the Facilitation of Intrinsic Motivation, Social Development, and Well-Being", *American Psychologist*, vol. 55, núm. 1, 2000, pp. 68-78, https://doi.org/10.1037/0 003-066X.55.1.68

[2] Nancy E. Newall *et al.*, "Regret in Later Life: Exploring Relationships Between Regret Frequency, Secondary Interpretive Control Beliefs, and Health in Older Individuals", *International Journal of Aging and Human Development*, vol. 68, núm. 4, 2009, pp. 261-288, https://doi.org/10.2190/AG.68.4.a

Capítulo 2. Aprender sobre excelencia

[1] Martin J. Barwood *et al.*, "Breath-Hold Performance During Cold Water Immersion: Effects of Psychological Skill Training", *Aviation, Space, and Environmental Medicine*, vol. 77, núm. 11, 2006, pp. 1136-1142, https://www.researchgate. net/publication/6709881_Breath-hold_performance_during_cold_water_im mersion_Effects_of_psychological_skills_training

[2] Garvey, Hershiser y Yeager ayudaron a asentar varios equipos fabulosos de los Dodgers en las décadas de 1970 y 1980. Lasorda manejó el equipo de 1976 a 1996.

Capítulo 3. Valores y metas

[1] Esta cita es probablemente apócrifa, pero mejor no nos iremos por la tangente. Garson O'Toole, "When You Come to a Fork in the Road, Take It", Quote Investigator, consultado el 13 de marzo de 2023, https://quoteinvestigator.com/20 13/07/25/fork-road/#google_vignette

[2] Un estudio del año 2000 en el *Journal of Personality and Social Psychology* contiene un resumen de investigaciones previas sobre cómo los eventos pasados y las creencias resultantes influyen en el comportamiento actual. El artículo comienza así, "La gente que se ha comportado de cierta manera en algún momento es propensa a hacerlo de nuevo", y cita varios estudios que sustentan la afirmación. D. Albarracin y R. S. Wyer Jr., "The Cognitive Impact of Past Behavior:

Influences on Beliefs, Attitudes, and Future Behavioral Decisions", *Journal of Personality and Social Psychology*, vol. 79, núm. 1, 2000, pp. 5-22, https://doi.org/10.1037/0022-3514.79.1.5

Capítulo 4. Mentalidad

[1] "Google Books Ngram Viewer for Term 'Mindset'", Google Books, consultado el 13 de marzo de 2023, https://books.google.com/ngrams/graph?content=mindset&year_start=1800&year_end=2019&corpus=26&smoothing=3&direct_url=t1%3B%2Cmindset%3B%2Cc0#t1%3B%2Cmindset%3B%2Cc0

[2] "Google Trends Explore for Term 'Mindset'", Google Trends, consultado el 13 de marzo de 2023, https://trends.google.com/trends/explore?date=all&q=mindset

[3] "Bewusstseinslage", *APA Dictionary of Psychology*, Asociación Americana de Psicología, consultado el 13 de marzo de 2023, https://dictionary.apa.org/bewusstseinslage. [Hay una edición al castellano del libro de Carol Dweck: *Mindset. La actitud del éxito*, Málaga, Sirio, 2016. *(N. del E.)*]

[4] Alia J. Crum, Peter Salovey y Shawn Achor, "Rethinking Stress: The Role of Mindsets in Determining the Stress Response", *Journal of Personality and Social Psychology*, vol. 104, núm. 4, 2013, pp. 716-733, https://doi.org/10.1037/a0031201

[5] Matt Abrahams, "Mindset Matters: How to Embrace the Benefits of Stress", Posgrado de Negocios en Stanford, consultado el 13 de marzo de 2023, https://www.gsb.stanford.edu/insights/mindset-matters-how-embrace-benefits-stress

[6] Christopher J. Beedie y Abigail J. Foad, "The Placebo Effect in Sports Performance: A Brief Review", *Sports Medicine*, vol. 39, núm. 4, 2009, pp. 313-329, https://doi.org/0112-1642/09/0004-0313

[7] Lysann Damisch, Barbara Stoberock y Thomas Mussweiler, "Keep Your Fingers Crossed! How Superstition Improves Performance", *Psychological Science*, vol. 21, núm. 7, 2010, pp. 1014-1020, https://doi.org/10.1177/0956797610372631

[8] Wayne Dollard, "How Pickleball Really Got Its Name!", *Pickleball Magazine*, enero de 2021, https://www.pickleballmagazine.com/pickleball-articles/How-Pickleball-Really-Got-Its-Name!

[9] No es mera coincidencia que uno de los primeros ejemplos del estudio del aspecto mental en el desempeño deportivo sea el icónico bestseller publicado originalmente en 1974 *El juego interior del tenis*, de W. Timothy Gallwey (Málaga, Sirio, 2011). Aunque no utiliza el término *mentalidad*, el libro trata de cómo un juego mental más fuerte afecta directamente el resultado.

[10] Carol Dweck, "What Having a Growth Mindset Actually Means", *Harvard Business Review*, 13 de enero, 2016, https://hbr.org/2016/01/what-having-a-growth-mindset-actually-means

[11] Emily G. Liquin y Alison Gopnik, "Children Are More Exploratory and Learn More Than Adults in an Approach-Avoid Task", *Cognition*, vol. 218, 2022, p. 104940, https://doi.org/10.1016/j.cognition.2021.104940

[12] E. A. Gunderson *et al.*, "Parent Praise to Toddlers Predicts Fourth Grade Academic Achievement Via Children's Incremental Mindsets", *Developmental Psychology*, vol. 54, núm. 3, 2018, pp. 397-409, https://doi.org/10.1037/dev0000444

[13] Daeun Park *et al.*, "The Development of Grit and Growth Mindset During Adolescence", *Journal of Experimental Child Psychology*, vol. 198, 2020, p. 104889, https://doi.org/10.1016/j.jecp.2020.104889

[14] Adam M. Grant y Barry Schwartz, "Too Much of a Good Thing: The Challenge and Opportunity of the Inverted U", *Perspectives on Psychological Science*, vol. 6, núm. 1, 2011, pp. 61-76, https://doi.org/10.1177/1745691610393523

[15] David Tod, James Hardy y Emily Oliver, "Effects of Self-Talk: A Systematic Review", *Journal of Sport and Exercise Psychology*, vol. 33, núm. 5, 2011, pp. 666-687, https://doi.org/10.1123/jsep.33.5.666

[16] E. Cross y O. Ayduk, "Self-Distancing: Theory, Research, and Current Directions", *Advances in Experimental Social Psychology*, vol. 55, 2017, pp. 81-136, https://doi.org/10.1016/bs.aesp.2016.10.002

[17] James Hardy, Aled V. Thomas y Anthony W. Blanchfield, "To Me, to You: How You Say Things Matters for Endurance Performance", *Journal of Sports Sciences*, vol. 37, núm. 18, 2019, pp. 2122-2130, https://doi.org/10.1080/02640414.2019.1622240

[18] Numerosos estudios confirman la efectividad de las rutinas previas al desempeño. Este metaestudio de 2021 aporta un buen resumen de ellos. Anton G. O. Rupprecht, Ulrich S. Tran y Peter Gröpel, "The Effectiveness of Pre-Performance Routines in Sports: A Meta-Analysis", *International Review of Sport and Exercise Psychology*, 2021, https://doi.org/10.1080/1750984X.2021.1944271

[19] Los investigadores analizaron 2.5 millones de *putts* que intentaron 421 golfistas en 239 torneos, entre 2004 y 2009. Para obtener la información, la Asociación de Golfistas Profesionales montó láseres alrededor de cada hoyo en el campo para medir y registrar las coordenadas de cada pelota después de cada tiro, con un margen de 2.5 centímetros.

[20] Devin G. Pope y Maurice E. Schweitzer, "Is Tiger Woods Loss Averse? Persistent Bias in the Face of Experience, Competition, and High Stakes", *American Economic Review*, vol. 101, núm. 1, 2001, p. 12957, http://dx.doi.org/10.1257/aer.101.1.129

[21] Ryan Elmore y Andrew Urbaczewski, "Loss Aversion in Professional Golf", *Journal of Sports Economics*, vol. 22, núm. 2, 2021, pp. 202-217, https://doi.org/10.1177/1527002520967403

Capítulo 5. Proceso

[1] Brad Aeon y Herman Aguinas, "It's About Time: New Perspectives and Insights on Time Management", *Academy of Management Perspectives*, vol. 31, núm. 4, 2017, pp. 309-330, https://doi.org/10.5465/amp.2016.0166

[2] Jonathan Baron y John C. Hershey, "Outcome Bias in Decision Evaluation", *Journal of Personality and Social Psychology*, vol. 54, núm. 4, 1988, pp. 569-557, http://bear.warrington.ufl.edu/brenner/mar7588/Papers/baron-hershey-jpsp1988.pdf

[3] Amos Tversky y Daniel Kahneman, "Availability: A Heuristic for Judging Frequency and Probability", *Cognitive Psychology*, vol. 5, 1973, pp. 207-232, https://familyvest.com/wp-content/uploads/2019/02/TverskyKahneman73.pdf

[4] Robert B. Durand, Fernando, M. Patterson y Corey A. Shank, "Behavioral Biases in the NFL Gambling Market: Overreaction to News and the Recency Bias", *Journal of Behavioral and Experimental Finance*, vol. 31, 2021, p. 100522, https://doi.org/10.1016/j.jbef.2021.100522

[5] Michael Bar-Eli *et al.*, "Action Bias Among Elite Soccer Goalkeepers: The Case of Penalty Kicks", *Journal of Economic Psychology*, vol. 28, núm. 5, 2007, pp. 606-621, https://doi.org/10.1016/j.joep.2006.12.001

[6] Peter Jensen Brown, "The History and Origin of 'Monday Morning Quarterback'", *Early Sports and Pop Culture History Blog*, consultado el 13 de marzo de 2023, https://esnpc.blogspot.com/2014/07/the-history-and-origin-of-monday.html

Capítulo 6. Tolerancia a la adversidad

[1] D. Meichenbaum y R. Cameron, "Stress Inoculation Training", en *Stress Reduction and Prevention*, D. Meichenbaum y M. E. Jarenko (eds.), Boston, Springer, 1989, pp. 115-154, https://doi.org/10.1007/978-1-4899-0408-9_5

[2] Las investigaciones muestran que, si bien todos estamos sujetos a pelear, huir o paralizarnos, las mujeres también son propensas a un instinto de "cuidar y entablar amistad" cuando están expuestas a agresores, es decir, mantener a los niños a salvo (cuidar) y afiliarse y buscar seguridad con otros (entablar amistades). Shelley E. Taylor *et al.*, "Biobehavioral Responses to Stress in Females: Tend-and-Befriend, Not Fight-or-Flight", *Psychological Review*, vol. 107, núm. 3, 2000, pp. 411-429, https://doi.org/10.1037//0033-295X.107.3.411

[3] Robert M. Sapolsky, *Why Zebras Don't Get Ulcers,* tercera edición, Nueva York, Holt Paperbacks, 2004, p. 11. [Hay traducción al castellano: *¿Por qué las cebras no tienen úlceras? La guía del estrés*, Alianza Editorial, Madrid, 2012.]

[4] Sapolsky, *Why Zebras Don't Get Ulcers*, p. 6.

[5] Por ejemplo, un artículo de 2015 sobre IMC cita estudios anteriores que muestran cómo la "frecuencia en el uso de IMC se incrementa en un nivel competitivo, diferencia a los jugadores profesionales de los amateurs y distingue a los

contendientes olímpicos de atletismo exitosos de los no exitosos". K. Richard Ridderinkhof y Marcel Brass, "How Kinesthetic Motor Imagery Works: A Predictive-Processing Theory of Visualization in Sports and Motor Expertise", *Journal of Physiology Paris*, vol. 109, núms. 1-3, 2015, pp. 53-63, https://doi.org/10.1016/j.jphysparis.2015.02.003

[6] Paul S. Holmes y David J. Collins, "The PETTLEP Approach to Motor Imagery: A Functional Equivalence Model for Sport Psychologists", *Journal of Applied Sport Psychology*, vol. 13, núm. 1, 2001, pp. 60-83, https://doi.org/10.1080/10413 200109339004

[7] Algunos estudios que apoyan estos puntos:

Un estudio de 2017 en *Frontiers in Psychology* descubrió que los participantes que practicaban la respiración profunda (cuatro respiraciones por minuto en este estudio) tenían índices significativamente mayores de atención y menores de cortisol (un indicador de estrés). Xiao Ma *et al.*, "The Effect of Diaphragmatic Breathing on Attention, Negative Affect, and Stress in Healthy Adults", *Frontiers in Psychology*, vol. 8, 2017, p. 874, https://doi.org/10.3389/fpsyg.2017.00874

Un estudio de 2017 de tiradores competitivos encontró que un VRC más elevado se correlaciona con la autoeficacia (confianza) y es un fuerte predictor del desempeño. E. Ortega y C. J. K. Wang, "Pre-Performance Physiological State: Heart Rate Variability as a Predictor of Shooting Performance", *Applied Psychophysiology and Biofeedback*, vol. 43, núm. 1, marzo, 2018, pp. 75-85, https://doi.org/10.1007/s10484-017-9386-9

Otro estudio de 2017 mostró que respirar seis veces por minuto durante quince minutos mejora el estado de ánimo, disminuye la presión sanguínea y eleva la VRC. Patrick R. Steffen *et al.*, "The Impact of Resonance Frequency Breathing on Measures of Heart Rate Variability, Blood Pressure, and Mood", *Frontiers in Public Health*, vol. 5, 25 de agosto de 2017, p. 222, https://doi.org/10.3389/fpubh.2017.00222

[8] Szu-chi Huang, Liyin Jin y Ying Zhang, "Step by Step: Sub-Goals as a Source of Motivation", *Organizational Behavior and Human Decision Processes*, vol. 141, 2017, pp. 1-15, https://doi.org/10.1016/j.obhdp.2017.05.001

[9] L. Houser-Marko y K. M. Sheldon, "Eyes on the Prize or Nose to the Grindstone? The Effects of Level of Goal Evaluation on Mood and Motivation", *Personality and Social Psychology Bulletin*, vol. 34, núm. 11, 2008, pp. 1556-1569, https://doi.org/10.1177/0146167208322618

[10] El doctor Ellis, quien murió en 2007, desarrolló el modelo ABC a mediados de la década de 1950 como la piedra angular de un nuevo enfoque terapéutico para la salud mental, el cual llamó Terapia Racional Emotiva. La TRE (que en la actualidad se llama TREC para incluir el comportamiento) fue uno de los primeros ejemplos de la Terapia Cognitivo Conductual (TCC), en la que un paciente (por

lo general con la ayuda de un terapeuta) examina y ajusta su forma de pensar y abordar las cosas en un esfuerzo de mejorar su salud mental (sobre todo la ansiedad y la depresión). Fue un acercamiento decididamente distinto de la forma comúnmente aceptada de psicoterapia que se practicaba en aquel entonces, en la cual el terapeuta ayudaba al paciente a explorar pensamientos, emociones y experiencias conscientes e inconscientes de la infancia como una manera de explicar y atender los problemas de salud mental.

[11] Shakespeare, *Hamlet*, 2. 2., pp. 239-240.

[12] Alia J. Crum, Peter Salovey y Shawn Achor, "Rethinking Stress: The Role of Mindsets in Determining the Stress Response", *Journal of Personality and Social Psychology*, vol. 104, núm. 4, 2013, pp. 716-733, https://doi.org/10.1037/a0 031201

[13] Kelly McGonigal, *The Upside of Stress: Why Stress Is Good for You, and How to Get Good at It*, Nueva York, Avery, 2016, p. xxi. [Hay traducción al castellano: *Estrés. El lado bueno. Por qué el estrés es bueno para ti y cómo puedes volverte bueno para él*, México, Océano Exprés, 2019.]

Capítulo 7. Equilibrio y recuperación

[1] Jarrod M. Haar *et al.*, "Outcomes of Work-Life Balance on Job Satisfaction, Life Satisfaction, and Mental Health: A Study Across Seven Cultures", *Journal of Vocational Behavior*, vol. 85, núm. 3, diciembre de 2014, pp. 361-373, https://doi.org/10.1016/j.jvb.2014.08.010

[2] Gunnthora Olafsdottir *et al.*, "Health Benefits of Walking in Nature: A Randomized Controlled Study Under Conditions of Real-Life Stress", *Environment and Behavior*, vol. 52, núm. 3, 2018, pp. 248-274, https://doi.org/10.1177/0013 916518800798

[3] Gregory N. Bratman *et al.*, "Nature Experience Reduces Rumination and Subgenual Prefrontal Cortex Activation", *Proceedings of the National Academy of Sciences*, vol. 112, núm. 28, 29 de junio de 2015, https://doi.org/10.1073/pnas.1510459112

[4] Lilian Jans-Beken *et al.*, "Gratitude and Health: An Updated Review", *Journal of Positive Psychology*, vol. 15, núm. 6, 2020, pp. 743-782, https://doi.org/10.1080/17439760.2019.1651888

Capítulo 8. Practicar excelencia

[1] Will Durant, *The Story of Philosophy: The Lives and Opinions of the Greater Philosophers*, Nueva York, Simon & Schuster, 1926, p. 69. [Hay traducción al castellano: *Historia de la filosofía. La vida y el pensamiento de los grandes filósofos*, Barcelona, Arpa Editores, 2024].

ÍNDICE ANALÍTICO